Kurt Erni

VOM NICHTS ZUM ICH

Eine gewaltige Geschichte

Kurt Erni

VOM NICHTS ZUM ICH

Eine gewaltige Geschichte

WEBERVERLAG.CH

Für Resli und alle anderen Engel,
die mich begleitet haben.

Inhalt

Anfang ohne Ende

Als hätte ich geahnt, dass dieses Leben beschwerlich wird, wollte ich am 4. Januar 1949 lieber nicht auf die Welt kommen. Doch dann setzte der Arzt die kelchförmige Glocke auf meinen Kopf, worauf eine Sogwirkung entstand, gegen die ich wehrlos war. So landete ich um 11.37 Uhr in den Armen meiner Mutter. Ich weiss nicht, ob sie bei meinem Anblick lächelte oder jenes Gefühl empfand, das andere Frauen als spontanes Bedürfnis beschreiben: ihr Kind um jeden Preis beschützen zu wollen. Wohl eher nicht. Das neue Jahr war erst wenige Tage alt. Es handelte sich um den trockensten Winter aller Zeiten: kein Schnee, kein Regen, graue Landschaft. Was man zu diesem Zeitpunkt noch nicht wusste: Ein Jahrhundertwein ging aus den lebensfeindlichen Verhältnissen hervor. Das später einsetzende kalte Regenwetter und den Maifrost während der Blüte, überlebten nur wenige Reben. Sie profitierten allerdings von einer regelrechten Hitzewelle im Spätsommer, worauf die Trauben zu besonderer Qualität reiften. Heute könnte man diese Begebenheiten als Metapher für mein späteres Leben sehen. Irgendwie. Auf den Geburtsanzeigen stand: «Wir sind, wir sind alli froh, s´Marieli hät es Brüederli übercho.» Meine Schwester war zwei Jahre älter als ich. Zusammen sind wir auf einigen Schwarz-Weiss-Fotografien zu sehen, die meine ersten zweieinhalb Lebensjahre dokumentieren und die in ein winziges Album eingereiht wurden, das ich noch heute besitze. Als Säugling liege ich in einem mit Volants verzierten Stubenwagen. An der Taufe am 12. Juni 1949 tragen die Eltern Sonntagskleidung und die weissen Schuhe von Mutter passen zu meiner Ausstattung. Der Bruder meines Vaters kreuzte nicht auf, was dazu führte, dass sich ein ehemaliger Liebhaber meiner Mutter anerbot, die Aufgabe als Patenonkel zu übernehmen, wie ich später erfuhr. Ihn sollte ich erst wieder an meiner Konfirmation sehen. Auf anderen Bildern sitze ich im Kinderwagen oder im Gras unter Bäumen. Dann stehe ich plötzlich auf eigenen Beinen. Es ist meine erste Kindheitserinnerung. Ich fürchtete mich, die ersten Schritte allein zu machen. Vater oder Mutter nahmen mich nicht an die Hand. Sie stellten mich einfach hin und ich blieb weinend stehen. Ich spürte Angst, alleine gelassen zu werden, als sich mein Vater drei Schritte entfernte und auf den Auslöser der Kamera drückte.

Mit zunehmendem Alter sehe ich wie ein kleiner stämmiger Boxer aus und als Zweijähriger verraten die verschränkten Arme vor der Brust und der etwas grimmige Gesichtsausdruck, dass es in meinem Leben vermutlich bereits Ablehnung gab. Auf den Bildern trage ich Strumpfhosen, kurze Hosen und winzige Lederschuhe. Auch meine Schwester ist ordentlich gekleidet. Mutter, eine gross gewachsene Frau, trägt die dunklen langen Haare hochgesteckt und Pumps mit Absätzen. Vater, ein hagerer und drahtiger Mann, posiert auf einem Passbild in Anzug und Krawatte und einmal in Freizeitkleidung mit einem Berner Sennenhund. Zwischen den Seiten des Albums liegt eine winzige blonde Locke, die mir Mutter abgeschnitten hat. Im September 1951 endet die fotografische Dokumentation, mit der man eine gewisse Sorgfalt, vielleicht sogar Freude an meiner Existenz verbinden könnte. Den Eltern ging mein Aufwachsen nicht schnell genug voran. Sie verloren die Geduld und das Interesse an diesem mühevollen Prozess. Vielleicht begann mich Mutter auch zu verabscheuen, als sie realisierte, dass ich die Ehe nicht kitten konnte, das zweite Kind die Familienkasse zusätzlich belastete, zudem einen eigenen Willen entwickelte und sei es nur, indem es mit tapsigen Schritten einer Blume entgegenstrebte, die es unbedingt für sie pflücken wollte. Ich wurde zu einer Belastung. Das Interesse an mir erlosch – oder müsste man eher sagen, eine andere Form des Interesses wurde mir später zuteil? Ich wurde zur Zielscheibe von Aggressionen und extremer körperlicher Gewalt, ein Umstand der meine Kindheit und mein weiteres Leben prägen sollte.

Wir lebten in einem alten Haus an der Gotthardstrasse in Thalwil, in Bahnhofsnähe, in einer Mansardenwohnung mit Blick über den Zürichsee. Im Sommer wurde es drückend heiss, im

Winter beschlugen sich die Fensterscheiben von Innen mit Frost. Vier Zimmer. Holzböden. Unter einer integrierten Treppe befand sich ein abschliessbarer Verschlag. Die Hände des *Büeblis* glitten in der kompletten Dunkelheit hundertmal über die Oberflächen von Flaschen und Behältern, die mit scharf riechenden oder fein duftenden Flüssigkeiten gefüllt waren. Ich nahm die weichen Lappen in die Hände, strich über die Bürsten, mit denen die Wohnung zweimal pro Woche blitzblank geschrubbt wurden. Den gefürchteten Teppichklopfer berührte ich nicht.

Erst nach Stunden wurde die Tür wortlos geöffnet. Von der Wohnung aus konnte ich das Stellwerk der Gotthardbahn sehen. Ich blickte den einfahrenden und durchfahrenden Zügen nach, registrierte spezielle Modelle, die rangiert wurden, vernahm die Geräusche der Bahnen und Glocken. Ich erinnere mich, wie ich an den Wochenenden tagelang in meinem Zimmer sass, sehr still, untätig und froh, wenn ich den Zorn von Mutter nicht auf mich zog. Sie war Seidenweberin, arbeitete in den Fabriken in Wädenswil und Thalwil, stellte an Webstühlen im Akkord feine und exklusive Stoffe her. Sie hasste den Job. Den ohrenbetäubenden Lärm in den riesigen Hallen mit derben Webmeistern, die sich wie Sklaventreiber gebärdeten und ihre Macht missbrauchten. Mutters Einkommen war wichtig. Vater verdiente als Hilfsarbeiter zu wenig, eckte mit seinem Verhalten immer wieder an, wechselte die Stellen zigfach und schreckte auch nicht davor zurück, sich als Langfinger in den jeweiligen Firmen zu bedienen, um mit dem verkauften Diebesgut auf seine Art und Weise zum Einkommen beizutragen. Über die Geschichte der Eltern weiss ich wenig. Mutter stammte aus einer ebenfalls gewalttätigen Familie mit einem männlichen Oberhaupt, das man als Tyrannen bezeichnen kann. Nachdem seine Frau die dritte Tochter geboren hatte, getraute sie sich nicht, ihrem Mann die schlechte Nachricht selbst zu überbringen. Dieser hatte einen Jungen gefordert, als ob man das Geschlecht beim lieben Gott bestellen könnte. Als seine älteste

Tochter – meine Mutter – ihn darüber informieren musste, dass es wieder keinen männlichen Erben gegeben habe, prügelte er sie krankenhausreif. Mutter wollte diesen Verhältnissen bereits als junges Mädchen entkommen. Vermutlich war mein Vater der erste Mann, der sie umarmte und nett zu ihr war. Sie flüchtete sich in die Ehe mit ihm, der in seiner jungen Frau und der Familiengründung wohl so etwas wie eine ordentliche Richtschnur in seinem turbulenten Leben erkannte. Kaum 25-jährig waren sie zweifach Eltern, fanden sich in dieser Rolle nicht zurecht, hatten Fürsorge und Unterstützung selbst nie erlebt und wussten nicht, was Kinder benötigen, damit sie sich positiv entwickeln können. Die Beziehung der Eltern konnte man bestenfalls als Zweckgemeinschaft beschreiben. Zwischen den beiden gab kein einziges gutes Wort, keine Geste der Zuneigung und an Respekt füreinander mangelte es ihnen bald gänzlich. Sie wurden wie Hund und Katz, litten, mussten gegen aussen ein ordentliches Bild aufrechterhalten, dem sie innerlich in keiner Art und Weise entsprachen. Die ständigen Streitigkeiten führten dazu, dass Vater bald jeden Freitagabend zu seinen Eltern nach Wald (ZH) oder in die Berge flüchtete. Dort blieb er bis Sonntagabend. Er überliess seiner Frau den Haushalt, die Verantwortung und uns Kinder ihrem Schicksal. Auch unter der Woche verabschiedete er sich bald nach dem Abendessen in seinen Hobbykeller. Dort erschuf er sich ein eigenes Universum, in dem Kinder ebenfalls unerwünscht waren. Extrem pedantisch entwickelte er einen Ordnungszwang; die Schraubenzieher wurden zigfach zurechtgerückt, bis sie richtig dalagen und durften danach nicht mehr berührt werden. Aus dünnen Spanplatten sägte er filigrane Teile, die sich wie durch ein Wunder zu idyllischen Bauernhöfen und Bahnhöfen in Miniatur-Format zusammenfügten. Beim einzigen Geschenk, das ich jemals von ihm erhalten habe, handelte es sich um einen kleinen Kuhstall, der sogar über ein batteriebetriebenes Licht verfügte. Den Rest seiner bemalten Kreationen verkaufte Vater, worauf er sich – der Gipfel der Extravaganz – einen Töff der Marke «Motom» leistete.

An einen Ausflug mit dem fahrbaren Untersatz erinnere ich mich nicht. Dass die Eltern jemals tanzen gingen, in einem Restaurant etwas tranken oder Freunde trafen, war unvorstellbar. Es lag nicht nur am mangelnden Geld. Alles, was nicht mit Arbeit zu tun hatte, war für Mutter Zeitverschwendung. Die Eltern gönnten sich zusammen nichts, wollten nicht ausbrechen, nichts erreichen und Kontakt mit anderen Menschen, Kindern oder Familien gab es nicht. Ich weiss nicht, ob Mutter uns absichtlich isolierte, damit niemand Einblick in diese Familie erhielt und niemand ahnte, was sie mir antat. Viel eher war dieser Umstand aber ihrem krankhaften Misstrauen und ihrer Menschenfeindlichkeit geschuldet. Sie ging ebenso wie mein Vater davon aus, dass alle Menschen schlecht sind und der Kontakt mit ihnen auf ein Minimum reduziert werden muss. Das bleute sie meiner Schwester und mir ein und die Wohnsituation ohne andere Familien oder Spielplätze, auf denen man sich im Freien treffen konnte, entsprach dieser Haltung ebenfalls. Gleichwohl musste sie mich bereits als Baby tagsüber in einer Krippe unterbringen. Ein erster Engel trat in mein Leben. Diese Erzieherin erkannte mein Bedürfnis nach Aufmerksamkeit und Zuneigung, nahm mich in den Arm, vermittelte mir Wärme, Schutz und Geborgenheit. Sie muss bemerkt haben, dass mit mir etwas nicht stimmt, und trug diesem Umstand Rechnung, indem sie sich um mich kümmerte. Sie hatte eine sanfte Stimme, schrie mich nicht an, schimpfte nicht mit mir. Holte mich Mutter von der Krippe ab, brach ich nun regelmässig in Tränen aus und war nicht zu beruhigen. Ich wollte beim Engel, bei Christine* bleiben. Die Zustände zu Hause, die ich in diesem Alter nicht benennen konnte, belasteten mich. Doch bereits in ganz jungen Jahren war ich offenbar fähig, mir emotionale Erleichterung zu verschaffen und darin erkenne ich heute auch einen Leitfaden für mein späteres Leben, in dem ich den Mut fand, Entscheidungen zu treffen, die mit einem Risiko verbunden waren. Der tägliche mit Grenadine-Sirup übergossene Griessbrei in der Kinderkrippe war mir als Dreijähriger ein Dorn im Auge. Ich pflückte im Garten Kräuter, die ich über den Brei streute, fragte nach Salz. Oder nach Zimt und Zucker.

Mit dieser Aktion verschaffte ich mir ein kulinarisches Vergnügen und bei den übrigen Kindern sorgten solche und andere Aktionen für Beachtung. Den Brei mussten wir mit einem Löffel essen. Ich eiferte den Erwachsenen nach: Die assen die Maisschnitte mit anderem Besteck. Das wollte ich auch und so war ich der erste und einzige, der bald mit einer Kuchengabel ass. Rückblickend betrachtet, deuteten solche Handlungen Neugierde und einen gewissen Ehrgeiz an; beides konnte ich sonst nicht ausleben. Strenger Gehorsam und die extremen Wutausbrüche meiner Mutter prägten den Alltag zu Hause. Ruhig sein, sich nicht bemerkbar machen: Wenn die Kameradinnen und Kameraden aus der Krippe zusammen spielten, sah ich ihnen vom Rand des Geschehens aus zu, machte nicht mit und die anderen erfassten intuitiv, dass ich ein Aussenseiter bin, ein Beobachter. Das war für mich ein vernünftiger Zustand. In dieser Rolle konnte ich nichts falsch machen. Heute sehe ich mein Verhalten als Vermeidungstaktik und auch als Schutz, damit mich niemand mit Worten oder körperlichen Übergriffen verletzten kann. Die Opferrolle wollte ich bereits als kleines Kind vermeiden, was mir in der Aussenwelt gelang, nicht aber in der Familie. Am besten kam man weg, wenn man ruhig war und allen Befehlen sklavisch Folge leitete. Weinte ich aus Traurigkeit oder weil Mutter mich malträtierte, schleuderte sie mir einen Satz entgegen, der mich mehr schmerzte als die gleichzeitig zugefügten Extra-Schläge: «Jetzt weisst du, warum du heulst.» In dieser Zeit fanden die ersten schwerwiegenden Übergriffe statt, an die ich mich erinnere: Mutter badetet mich jeweils im Spülstein in der Küche. Einmal war das Wasser kalt. Ich jammerte, worauf sie kochend heisses Wasser nachgoss, eine Aktion, die zu schweren Verbrühungen von der Hüfte abwärts führte. Ein anderes Mal stand eine Pfanne mit siedend heissem Wasser auf dem Herd. Ich griff danach. Mutter war anwesend und beobachtete mich ruhig. Sie hielt mich von der gefährlichen Aktion nicht ab, worauf sich der siedend heisse Inhalt über mich ergoss. Solche Zwischenfälle hätten eigentlich eine ärztliche Versorgung verlangt. Mutter stäubte Mehl auf die Brandwunden und damit war die Sache für sie erledigt.

Wie durch ein Wunder trat ein zweiter Engel in mein Leben. Frau Rieter*, die Kindergärtnerin. Einmal nahm sie mich zu sich nach Hause mit. Ich trug eine gestrickte Jacke. Sie wies auf die Garderobe. Ich war zu klein, um den Haken zu erreichen. Sie lächelte, nahm einen Hammer, schlug einen Nagel auf meiner Augenhöhe ein und liess mich wissen. «Von nun an kannst du die Jacke an diesem Nagel aufhängen.» Ich war beeindruckt. Zum ersten Mal nahm jemand meine Bedürfnisse wahr. Diese Frau verhielt sich fürsorglich, nahm mich in den Arm, wenn ich weinte und tröstete mich. Während andere Kinder den Nachmittag bei ihren Müttern verbrachten, besuchte ich den Hort. Eine Wiese und ein Häuschen trugen dort zu meinem Wohlbefinden bei. Die Frau des Leiters unterhielt einen Gemüsegarten. Einen Salat zu pflanzen, die Blumen zu pflegen: Zum ersten Mal durfte ich mich beschäftigen und mich wertvoll fühlen, weil ich mit meiner Arbeit etwas Gutes tat, wie mich die Erwachsenen wissen liessen. Ich erlebte Neues, erfuhr Anregung, lernte die Natur kennen und lieben. Wenn ich einen Kopfsalat oder einen Rettich mit nach Hause nehmen durfte, war ich stolz. Der Hortleiter besass eine Vespa. Ich durfte auf dem Rücksitz mitfahren. Ich getraute mich sogar, ihn etwas zu fragen, das wäre bei den Eltern unmöglich gewesen. Geredet wurde bei uns nicht, beim Essen herrschte Redeverbot und die Idee sich mit einem Kummer an die Eltern zu wenden erwies sich ebenfalls als unsinnig, wurde ich doch für alles, was mir widerfuhr, schuldig gesprochen. Im Hortleiter fand ich eine männliche Bezugsperson, der ich vertraute. Einmal half er mir dabei eine Weihnachtskrippe zu basteln, lehrte mich den Umgang mit Holz. Wenn etwas nicht auf Anhieb gelang, nahm er sich Zeit. Solche Menschen halfen mir auf ihre Weise, ohne grosse Worte, sondern mit Gesten und Taten. Sie waren gut zu mir. Sie taten mir gut. Ich galt als aufgeweckter Junge und bald realisierte ich, dass es in anderen Familien anders zu und hergeht als bei uns. Manche Kinder brachten eigene Spielsachen in den Kindergarten oder den Hort mit, andere wurden von ihren Müttern umarmt und geküsst, wenn sie abgeholt wurden. Ich besass weder ein Malbüchlein noch farbige Klötze und schon gar keine Mutter, die sich bei meinem Anblick freute. Einmal liess mich ein Kind wissen, es habe vom Götti einen Batzen erhalten. Das hätte ich auch gerne gehabt, doch auf solche Unterstützung konnte ich nicht zählen. Meine Gotte, die Schwester meines Vaters, war jähzornig, die Grosseltern mütterlicherseits waren noch schlimmer als meine Eltern, der Götti war ein Hallodri. Ihn sah ich erst am Tag meiner Konfirmation wieder und fragte ihn bei dieser Gelegenheit, warum er sich nie mehr gemeldet und mir auch keine Geschenke gemacht habe. Er erwiderte, er schenke mir dafür jetzt eine Uhr aus Gold – doch das kostbare Stück erwies sich als Trompetengold.

Natürlich bestimmten viele Sachzwänge das Leben meiner Eltern. Von den prosperierenden 50er- und 60er-Jahren konnten sie nicht profitieren und während andere Familien nun nach Rimini in die Ferien fuhren oder sich ein Auto leisten konnten, war ihnen dieser Wohlstand verwehrt. Die Verhältnisse blieben ärmlich, vor allem aber lebensfeindlich. Das Höchste der Gefühle war, dass Mutter sich eine neue Berufsschürze kaufte oder Aufschnitt «vom Besseren» auf den Tisch stellte, der strikte den Eltern vorbehalten war. Am Verzicht auf alles, was der Lebensqualität auch mit wenig Geld zuträglich hätte sein können, hielt Mutter zeitlebens fest, als wolle sie sich für etwas bestrafen, also wolle sie am Elend festhalten. An familiäre Aktivitäten, die nichts kosten, an ein vorgelesenes Buch, an ein Hörspiel am Radio, an ein Gesellschaftsspiel oder einen Spaziergang erinnere ich mich – bis auf einen Besuch im Dutti-Park – nicht. Spielsachen besass ich nicht. Von fremden Menschen erhielt ich einen Teddybären. Ich besitze ihn heute noch. Mein Geburtstag wurde mit dem Argument, Weihnachten sei kaum vorbei, nicht gefeiert. Einmal stand an Heiligabend eine Tanne im Wohnzimmer, die mein Vater Klaus* in einem Wald gefällt hatte. Als Geschenk erhielt ich eine Banane. Einen Teller mit Weihnachtsgebäck gab es in all den Jahren nicht, obwohl Vater bereits im November mit dem Backen von Zimtsternen, Brunsli, Chräbeli und Mailänder startete. Als ehemaliger Hilfsbäcker verarbeitete er riesige Mengen an Zucker, Mehl, Eiern und Schokolade zu Teig. Was mich begeistert hätte – Figuren auszustechen, sie zu bemalen und zu backen – tat er in nächtelanger Arbeit allein. Ich lag meist hungrig im Bett, die köstlichen Düfte aus der Küche raubten mir den Schlaf und die Hoffnung, einen Keks zu erhalten, erfüllte sich nie. Rund 80 Kilogramm Gebäck wurde in dieser Zeit in runde Blechdosen verpackt, die Vater an Weihnachten an Verwandte verschenkte oder verkaufte. Bis es so weit war, versteckte er seine Beute in einem abschliessbaren Schrank. Dieser Überfluss herrschte nur einmal pro Jahr, ansonsten wurde jeder Rappen umgedreht. Die finanziellen Nöte hätte ich bereits als kleines Kind verstanden. Anstatt mir die Sachlage zu erklären, wurde ich jedoch übermässig beschimpft, wenn ich einen noch so kleinen Wunsch äusserte. In der Zwischenzeit hatte ich panische Angst vor Mutter, die auch bei anderen Kleinigkeiten komplett ausrasten konnte. Ich durfte nichts wollen, nichts wünschen und meine Bedürfnisse waren unwichtig. Ich war ein Nichts.

Seeleninferno

Um die Ehe der Eltern stand es schlecht. Ich erlebte Mutter als harte, aufbrausende und ungerechte Frau, unzufrieden und bereits in jungen Jahren verbittert darüber, was aus ihrem eigenen Leben wurde. Rückblickend denke ich: Sie war auch eine einsame und enttäuschte Frau. Gefühlsarm, wie sie war, hatte sie keinen Zugang zu ihren negativen Emotionen, konnte diese nur in gewalttätiger Art und Weise ausleben. Ich sah sie nie lachen, habe sie nie glücklich erlebt. Die einzig gute Eigenschaft war ihr Fleiss. Durch ihre Arbeit konnten meine Schwester und ich in der Familie bleiben, sonst hätten wir in ein Heim wechseln müssen. Ob es uns dort besser oder schlechter ergangen wäre, bleibt dahingestellt. Meine Schwester Marie* nahm ich im familiären Gefüge wenig wahr. Im Gegensatz zu mir war sie extrovertiert, weniger sensibel, energisch. Sie hatte Freundinnen. Sie half viel im Haushalt mit. Ich wurde an ihr gemessen, kam schlecht weg und rückte in den Fokus der mütterlichen Aggression. Marie und ich konnten auch später keine Beziehung zueinander aufbauen. Wir bildeten keine Gemeinschaft und fanden keinen Trost ineinander. Heute weiss ich, dass ich ihr auch grundsätzlich misstraute, aus dem einfachen Grund, weil sie ein weibliches Wesen war und somit genauso schlecht sein musste wie meine Mutter. Diese schrie und tobte, entlud ihre Wut und ihren Hass immer öfter in primitiver Art und Weise über den sie provozierenden Vater, der eine schwache und gewalttätige Figur blieb. Meine Bestrafungen geschahen mit zunehmendem Alter willkürlich, aus dem Nichts heraus. Die Unberechenbarkeit der elterlichen Aktionen führte zu Angst, die zu einer verbindlichen Konstante wurde. Ich kannte nichts anderes. Dennoch kann sich kein Lebewesen an solche Zustände gewöhnen und auch ich zeigte bald verschiedene Auffälligkeiten. Während ich im Hort redete, zog ich mich zu Hause zurück und versank nun tagelang in komplettes Schweigen. Bereits als Kleinkind lebte ich in meiner eigenen Welt, wollte nicht anecken, keinen Grund für Kritik und harte Bestrafungen liefern und konnte aus diesem Grund mein sprachloses

Universum immer öfter nicht mehr verlassen. Der Kommentar der Eltern war immer derselbe: «Jetzt spinnt er wieder.»

Der erste Schultag rückte näher. Ich trug den pelzüberzogenen Tornister stolz und auch das Etui im Schulranzen war genauso schön wie dasjenige der anderen Schüler, die zusammen mit ihren Müttern und Vätern erschienen waren. Der Lehrer teilte die Klasse ein, wies uns die Plätze in den Bänken zu. Ich stand am Schluss allein da. Er fragte, wo meine Eltern seien. Ich antwortete wahrheitsgemäss: «Sie arbeiten.» An seine Antwort werde ich mich ewig erinnern: «Zur Strafe musst du ganz hinten sitzen.» Neben einem Mädchen. Ich fühlte mich vor versammelter Runde gedemütigt und das, obwohl ich bereits schreiben und lesen konnte! Auf den eisig beschlagenen Fensterscheiben meines Kinderzimmers zeichnete ich mit dem Finger Buchstaben nach, die ich in einer Zeitschrift entdeckte. Kam Mutter nach Hause, fragte ich sie, was das für ein Buchstabe sei, und bald kannte ich das ABC auswendig und konnte auch lesen. Es ändere nichts daran, dass dieser Lehrer mich sofort ins Visier nahm. Als hätte er in mir das vernachlässigte, geschwächte Kind erkannt, ein Kind, dessen Eltern nicht vorstellig werden, wenn ihm Unrecht geschieht, konnte er in den folgenden Jahren, schalten und walten, wie er wollte. Heute weiss ich um die Schäbigkeit solcher Menschen, die ihre eigenen Minderwertigkeitsgefühle ausleben, indem sie sich über andere erheben und ihre Macht missbrauchen. Doch damals erschwerte mir dieser Umstand nun auch das Leben ausser Haus. Auf dem Pausenplatz blieb ich allein, getraute mich nicht zu fragen, ob ich mitmachen dürfe, war nun extrem schüchtern. Bei der Auswahl der Mannschaft blieb ich immer übrig. Ich sprach weiterhin wenig und eignete mir erst in späteren Jahren eine gewisse Schlagfertigkeit an, die meinen Mangel zu argumentieren und mich zu äussern, ausglich.

Ab der ersten Klasse wurde auch zu Hause alles schlimmer. Da es der Meinung meiner Mutter nach jeden Tag viele Gründe für Sanktionen gab – ein Zimmer, das zu wenig schnell aufgeräumt wurde, irgendeine Aufgabe, die ihrer Ansicht nach nicht tadellos erledigt worden war – ging sie zu einem grausamen System über, das mich die ganze Woche hindurch in einen psychischen Ausnahmezustand versetzte. Die Strafen wurden kumuliert und am Freitag folgte jeweils die grosse Abrechnung durch den Vater. Ich wusste, dass etwas Schlimmes passieren wird, aber was genau, wusste ich nicht. Die tagelang dauernde Unsicherheit darüber, wie heftig die zugefügten Schmerzen ausfallen werden, war unerträglich. Vater schlug und misshandelte mich heftig, wobei er den mütterlichen Anordnungen Folge leistete, während sie sich auf psychische Misshandlungen konzentrierte. Aber nicht nur. An eine spontan stattfindende, besonders drastische und sadistische Bestrafung erinnere ich mich besonders gut: Mutter bemerkte, dass ich ihr ein 20-Rappen-Stück aus dem Portemonnaie gestohlen hatte. Üblicherweise geriet sie wegen Kleinigkeiten in Rage. Nun liessen mir ihre ruhig gesprochenen Worte – «du wist niemals wieder etwas stehlen» – das Blut in den Adern gefrieren. Sekunden später fesselte sie mich, steckte Zeitungspapier zwischen meine Hände und entzündete dieses mit einem Streichholz. Ich spürte die aufsteigende Hitze und die Gefahr der lodernden Flammen, geriet in Panik, glaubte, bei lebendigem Leib verbrennen zu müssen. Nach einer Ewigkeit löschte sie das Feuer. Ich erlitt schwere Verbrennungen, die sie abermals nur notdürftig verarztete. Die Narben sind noch heute sichtbar und noch immer bin ich fassungslos, wenn ich daran zurückdenke, wie mich meine Mutter in Brand setzte. Welche Mutter zündet ihr eigenes Kind an? Welche Mutter ist zu einer solchen Tat fähig? Als Folge des mütterlichen Regimes wurde ich Bettnässer. Viel später las ich einen Satz, der Sinn für mich ergab: Bettnässen sind nicht geweinte Tränen. Zur Strafe schloss sie die Tür zur Küche ab. Ab 15.30 Uhr durfte ich bis zum nächsten Morgen nichts mehr trinken. Ich erinnerte mich an schrecklichen Durst und an die Hoffnungslosigkeit dieser Stunden. Manchmal konnte ich nicht schlafen, trank in meiner Not das Wasser aus der Toilettenschüssel, fühlte mich abermals gedemütigt. Durst, aber auch Hunger begleiteten mich durch meine Kindheit. Während Vater und Mutter hin und wieder Fleisch auf ihren Tellern hatten, musste ich mich mit den Beilagen begnügen. Ein Löffel Reis, ein paar Kartoffeln, einige Scheiben Brot. Mit zunehmendem Alter war ich ständig hungrig und auch unterernährt. Einmal kaufte Mutter einen Zehn-Kilogramm-Sack Pferde-Haferflocken und stellte einen Krug Wasser auf den Tisch. Bei den eingeweichten riesigen Flocken handelte es sich viele Wochen lang um meine einzige Mahlzeit, die mir meine Mutter mit den Worten «Haferflocken machen gross und stark» schmackhaft zu machen versuchte. Ich war nicht mehr wert als ein Esel oder ein Pferd. Der meistgehörte Satz meiner Kindheit lautete allerdings: «Aus dir wird einmal ein Verbrecher.» Obwohl ich meinen einzigen Besitz, eine *Käpselipistole,* liebte, fiel ich nicht durch kriminelle Energien auf und erbrachte in der Schule passable Leistungen. Trotzdem hämmerte mir Mutter diesen Satz ein und sie schreckte auch nicht davor zurück, mich zu entsprechenden Aktionen zu verleiten. Obwohl ich für den Diebstahl aus ihrem Portemonnaie hart bestraft worden war, hiess sie mich eines Tages – ich muss in der Zwischenzeit neun Jahre alt gewesen sein – auf Diebestour zu gehen, wenn ich etwas essen wolle. Ich stand vor dem Fruchtstand im Supermarkt und griff nach den geliebten Bananen, als mich ein lauter Pfiff erstarren und innehalten liess. Wochen später lief ich beim Metzger vorbei. Bratwürste hingen zum Auskühlen an langen Stangen im Hinterhof, worauf ich ein Paar stahl, das Diebesgut Mutter überreichte, von ihr das einzige Lob meines Lebens erhielt sowie die Aufforderung, diese Aktion jederzeit zu wiederholen. Die Hoffnung, zum ersten Mal in meinem Leben eine Wurst essen zu dürfen, erfüllte sich übrigens nicht. Nahrung und Wasser blieben Themen und der stete Mangel von beidem ist mir bis zum heutigen Tag präsent, ebenso wie drastische Bestrafungsaktionen, die auch in den folgenden Jahren nicht ausblieben. Den Begriff Hass kannte ich nicht. Mutter hatte die Macht, mit mir zu verfahren, wie sie wollte. Ich war abhängig von ihr. Wehrlos. Entschuldigt hat sie sich nie, niemals ein schlechtes Gewissen geäussert. Ich erzählte niemandem von meinem Martyrium und die Menschen in meinem Umfeld sahen grosszügig über die offensichtlichen Spuren von körperlichen Misshandlungen hinweg. Froh, kein Aufsehen zu erregen, schämte ich mich für meine Vergehen, die in meiner kindlichen Logik der Grund für die Misshandlungen waren, und fühlte mich schuldig für das, was mir widerfuhr. Irgendwann kam ich zur Einsicht, der letzte Dreck zu sein und ein Gedanke setzte sich in mir fest: Ohne mich würde es allen viel besser gehen. Es war vermutlich das erste Mal, dass mir der Tod als Gewinn und gute Alternative zum Leben erschienen ist. Auch wenn die körperlichen Übergriffe ausgeblieben wären, das weiss ich heute, wurde ich als Kind psychisch misshandelt, vernachlässigt, nicht respektiert, nicht beschützt, nicht gefördert. An positive Gefühle erinnere ich mich nicht. Übermut, glücklich sein, Trost und Geborgenheit erfahren: Das alles kannte ich nicht. War ich traurig, wurde ich misshandelt. War ich glücklich, wurde ich misshandelt. Die seelischen Schmerzen überwogen die körperlichen Schmerzen. Meine damaligen Gefühle lassen sich nicht in Worte fassen, auch weil ich Emotionen bald nicht mehr spürte. Jedoch erinnere ich mich an ein Syndrom, das sich nun regelmässig äusserte: Ich spürte förmlich, wie mein Herz eiskalt wurde, sich verhärtete und erfror. Später nannte ich diesen Zustand «Trockeneisherz». Ich weinte nicht mehr. Meine abgrundtiefe Traurigkeit zeigte sich im sozialen Rückzug und diese wortlose «Zorntraurigkeit» nahm mich jetzt ohne Pausen manchmal auch wochenlang gefangen. Die Eltern wiederholten: «Jetzt spinnt er wieder.»

Misshandlungen sind immer furchtbar, aber bei Mutter kam eine sadistische Komponente dazu. Diese übernahm sie von ihrem Vater, wobei auch ihre eigene Mutter eine eiskalte und harte Frau war, die über alles hinwegblickte, was ihren Töchtern angetan wurde. Einmal weilte ich in den Ferien bei den Grosseltern. Zu Hause hatte ich gelernt, was meine Mutter von ihren Eltern übernommen hatte: Wird einem an einem fremden Tisch etwas angeboten, sagt man drei Mal «Nein» bevor man zugreifen darf. Bei den üppigen Mittagessen, die Grossmutter für ihren herrischen Mann zubereitete, durfte ich nie mitessen – eine dauerhafte und grundlose Sanktion, die sie zweifelsohne von ihrer Tochter übernommen hatte. Einmal schob mir Grossmutter eine Platte mit Aufschnitt unter die Nase. Sie wusste, dass ich hungrig war, diese Köstlichkeit liebte, bei Mutter aber nie erhielt und hiess mich zuzugreifen. Ich verneinte, wie ich es gelernt hatte und hoffte inständig darauf, dass ich nach der dritten Nachfrage zugreifen durfte. Doch Grossmutter zog die Platte vorzeitig weg. Eine weitere Episode blieb mir in Erinnerung, die den schlechten Stamm verdeutlicht, der in der meiner Familie von Generation zu Generation die gleichen Missstände provozierte. Beim Ferienaufenthalt zwang mich mein Grossvater väterlicherseits, ihn zu seinem Hobby zu begleiten. Ich wusste, dass er im Schlachthof ein häufiger Gast war – aus dem einfachen Grund, weil er gern dabei zusah, wie Tiere getötet wurden. Ich sah dieser Aktion mit Angst und Abscheu entgegen, hatte aber keine Wahl. Später erfuhr ich auch, dass die Grosseltern zusahen, wie alte und kranke Pferde, die die Lasten nicht mehr ziehen konnten, mit brennenden Fackeln unter den Bäuchen zur Arbeit gezwungen wurden. Nun glaubte ich auch zu wissen, wer Mutter zu den drastischen Bestrafungsaktionen anstachelte: Meine eigenen Grosseltern. Die Gewaltspirale drehte sich in der Familie meiner Mutter seit Generationen und sexueller Missbrauch – so denke ich heute – war vermutlich ebenfalls tief in den Familiengeschichten verankert. Als wir bei einer seltenen Gelegenheit meinen Urgrossvater mütterlicherseits besuchten, zeigte er meiner Schwester und mir die Kaninchen. Während sich die übrigen Erwachsenen in der Küche mit dem Essen beschäftigten, blieben wir zusammen mit dem Urgrossvater im Garten, wo er Marie vor meinen Augen missbrauchte. Die Welt erschien mir mit zunehmendem Alter als gefährlicher und grausamer Ort. Langsam begann ich mich aber auch zu fragen, ob ich das Böse und Schlechte anziehe. Während eines Landdienstes misshandelte der Bauer seine Kühe schwer und als ich den Dorfladen eines Tages betrat, wurde getuschelt. Ich erkundigte mich, was los sei und erfuhr, dass ein anderer

Bauer seine Frau, deren Liebhaber und sich selbst erschossen habe. Und anderes schockierte mich in meiner frühen Kindheit: Einmal musste ich zusehen, wie ein Kalb aus dem Leib der Kuh gezogen wurde, eine brutale und lang dauernde Aktion. Ein anderes Mal legte man mir nach einer Hausgeburt das noch blutige Kind in die Arme. Die Ankunft von neuem Leben auf dieser Welt verband ich mit Schmerzen und einem Schwall von Körperausscheidungen, die mich ekelten.

Zu Hause gerieten die Dinge je länger, desto stärker ausser Kontrolle. Mutter trieb es zu dieser Zeit plötzlich ziemlich bunt. Es gab andere Männer in ihrem Leben, was zu tätlichen Auseinandersetzungen zwischen den Eltern führte. Die Trennung war nur noch eine Frage der Zeit. Absurderweise gab es bald einen Kampf um mich. Ich war das erste oder zweite Kind in der Schweiz, das bei Gericht befragt und angehört wurde. Es ging um die Frage, ob ich bei Vater oder bei Mutter bleiben wollte. Plötzlich schien ich begehrt zu sein. So schenkte mir Vater nun jeden Tag eine Tafel Schokolade: Milch-Nuss. Meine Gotte wollte mich als Ersatz für ihren abwesenden Sohn zu sich nehmen und versprach, ich dürfe studieren, wenn ich zu ihr komme. Sie hatte ihrem Bruder, meinem Vater, in der Kindheit ein Messer in den Rücken gerammt, war ebenfalls eine ruppige Persönlichkeit und schien mir keine echte Alternative zu meiner Erzeugerin zu sein. Gleichzeitig war ich noch immer ein junges Kind, wollte bei Mutter bleiben, die ich fürchtete und von der ich doch abhängig war. Vater war ausser sich, als er von meiner Entscheidung erfuhr. Nach der Scheidung bezog er im Nebenhaus eine Bleibe, die sich auf der gleichen Höhe wie unsere Wohnung befand und beobachtete in den folgenden Moneten jede unserer Regungen und Schritte. Dieses bizarre Verhalten legte er erst ab, als er seine zweite Frau kennenlernte und umzog. Einmal schenkte sie mir eine Krawatte mit einem Gummizug. Ich schrieb ihr einen Dankesbrief, den die sie, mit Rotstift korrigiert, retournierte. Der Kontakt zum Vater riss komplett ab. Ich sollte ihn erst Jahrzehnte später wieder sehen.

Nun befand ich mich komplett in den Fängen von Mutter. Bereits in der Trennungsphase – wenn Vater bei seinen Eltern oder in den Bergen weilte – näherte sie sich mir in unangebrachter Art und Weise. In meinem bisherigen zehnjährigen Leben hatte ich von ihr kein gutes Wort erhalten, keine Umarmung erfahren, nie eine über den Kopf streichende Hand erlebt und was ein Kuss ist, wusste ich nicht. Nun änderte sich ihr Verhalten. Ich konnte nicht einschätzen, was sie damit bezweckte, wusste aber instinktiv, dass die erzwungenen sexuellen Handlungen und Zungenküsse falsch waren. Heute weiss ich, dass mein körperlicher Missbrauch genau so viel Gewalt beinhaltete, wie wenn mich die Erwachsenen grün und blau prügelten. Mutter konnte mit mir machen, was sie wollte und tat es auch. Dass sich die Sexualität mit Zwang, Angst und Gewalt vermischte, war eine fatale Kombination, die Auswirkungen auf mein weiteres Leben haben sollte. Innerhalb der sexuellen Übergriffe machte mich Mutter zudem käuflich und führte ein Belohnungsprinzip ein. War ich gefügig, tat ich, was sie mir befahl, durfte ich die *Chilbi* besuchen oder an anderen Vergnügen teilnehmen, von dem sie wusste, dass ich mir diese seit Jahren wünschte. Mein Verhältnis zu ihr wurde noch gestörter und auch in diesem Sinn tat ich, was sie von mir forderte. Ich entwickelte einen Ekel vor Frauen und im Alter von zwölf, dreizehn und sechzehn Jahren wurde ich von weiteren Personen – einer Frau und zwei Männern – sexuell missbraucht. Einmal geschah der sexuelle Übergriff in einem Zug. Ich wurde auf dem Polizeiposten im Hauptbahnhof Zürich vorstellig, weinte heftig, war ausser mir. Ich hoffe auf Hilfe, doch mein Anliegen wurde – einmal mehr – nicht ernst genommen. Ich fragte mich: War ich als Opfer erkennbar? Als Mensch, mit dem auch andere machen konnten, was sie wollten?

Mutters sexuelle Übergriffe stoppten erst, als ein neuer Mann, der mein Stiefvater wurde, in ihr Leben trat. Mein baldiger Stiefvater: wenig seriös, einer, der bei den Frauen gut ankam und diesen Umstand auch auszunutzen wusste. Bevor sie heirateten, besuchte er an den Wochenenden seine Geliebte: meine Mutter. Stets wurde ihm Aufschnitt «vom Besseren» aufgetischt. Den Rest überliess sie nicht etwa uns Kindern, sondern nahm die übrig gebliebenen Wurstscheiben ins Schlafzimmer mit. Einmal übergoss ich den Rest in ihrer Abwesenheit mit Spülmittel, worauf ihr Liebhaber mit schäumenden Lippen fand, das Fleisch sei wenig geniessbar. Es war der einzige Streich, den ich mir in meiner Kindheit erlaubte. Damit ich die beiden am Sonntagnachmittag nicht störte, wurden mir nun regelmässig ein 20-Rappen-Stück ausgehändigt und die Order ausgesprochen, man wolle mich vor drei Stunden nicht wiedersehen. Ich stand am Sonntag allein auf der Strasse, wusste allerdings, wohin ich wollte. In den Dutti-Park. Der «Park im Grünen» in Rüschlikon ist ein vom Migros-Gründer Gottlieb Duttweiler initiierter Erholungspark mit vielen Attraktionen, die wenig oder gar kein Geld kosten. Einmal, als ich zusammen mit Mutter als kleiner Knirps im Park war, liess sie mich wissen, um wen es sich beim Pärchen handelte, das auf einer Parkbank sass. Ich lief auf den Mann zu und fragte ihn, ob er wirklich «der Dutti» sei. Er bejahte lachend und ab diesem Zeitpunkt kaufte er mir jedes Mal ein Eis, wenn wir aufeinandertrafen. Ich liebte diesen Park und die Gratisattraktionen: das Schwimmbad, das Karussell, das Kasperle-Theater und die Esel. Ich durfte die Grauohren am Halfter führen und dann als Belohnung auf ihnen reiten. Ich machte all diese Dinge allein, fand diesen Zustand wunderbar und wenn ich am Sonntagabend nach Hause zurückkehrte, lagen vier Coca-Cola-Frösche in meiner Hosentasche oder dann steckte ich das nicht ausgegebene 20-Rappen Stück in meine Sparbüchse.

In der Zwischenzeit schmissen meine Schwester und ich fast den ganzen Haushalt. Zu unseren Aufgaben gehörten Rüsten, Kochen, Bügeln, Waschen und Saubermachen. Mutter fand immer einen Grund, um auszurasten: ein Staubkorn, ein nicht ihren Befehlen gemäss ausgewrungener Waschlappen, ein falscher Knick in der gebügelten Bluse. Widerstand war zwecklos und doch begann ich mit zunehmendem Alter kreative Lösungen umzusetzen, die mir ein Leben ausser Haus bescherten und gleichzeitig ein wichtiges Problem bekämpften: den Hunger. Als Zwölfjähriger nahm ich einen Job als Tellerwäscher in einem Gasthof in Thalwil an und traf dort – nach Christine in der Kinderkrippe und meiner Kindergärtnerin Frau Rieter – auf meinen dritten Engel. Die Wirtin ahnte ebenfalls, dass es mir schlecht geht. Sie unterstützte mich bei der Arbeit, lobte mich für meinen Einsatz und zum ersten Mal in meinem Leben fragte mich jemand, was ich essen möchte. Ich wusste keine Antwort, worauf sie mir ein Wiener Schnitzel mit Pommes servierte, das Beste, was ich jemals gegessen hatte. Sie sagte: «Wenn Du unter der Woche Hunger hast, komm einfach vorbei.» Ihre Fürsorge, der Umstand, dass sie mich – geschwächt und ohne Selbstwertgefühl – respektierte, bedeutete mir viel. Auch solche Menschen gab es in meinem Leben und ich werde sie niemals vergessen. Der Küchenbetrieb, die zischenden Herdplatten, der Dampf, die klappernden Pfannen und das hohe Arbeitstempo faszinierten mich ebenso wie Nahrungsmittel, die in Hülle und Fülle zubereitet wurden. Es war eine neue Welt und bald verbrachte ich auch die Wochenenden in der Küche und lernte profimässig zu kochen. Nach einem halben Jahr durfte ich mit dem Koch zusammen die Mittagsmenüs zubereiten, was mir im Arbeitsumfeld und bei den Gästen Anerkennung einbrachte. Ich erlebte, dass ich ehrgeizig bin und über eine schnelle Auffassungsgabe verfügte. Ab diesem Zeitpunkt war für mich klar, dass aus mir kein Verbrecher, sondern ein Koch werden kann und auch mein längerfristiges Ziel – Polizist zu werden – setzte sich in mir fest.

Nachdem Mutter zum zweiten Mal geheiratet hatte, zogen wir in den Kanton Aargau und ich musste mich schweren Herzens von meiner Arbeitgeberin verabschieden. Die Schule beendete ich in Obersiggenthal. Nachdem ich mir bei der ersten Arbeitsstelle im Restaurant bewusst wurde, dass ich zu guter Leistung fähig bin, bewies ich mir dies fortan auch im Schulbetrieb. Ich war gefitzt, machte immer ein wenig mehr als die anderen und lief trotz der schwierigen Lebensumstände im Mittelfeld mit, war also ein passabler Schüler. Dummheit ist lernbar? Dieser Theorie wollte ich auf keinen Fall entsprechen und konnte trotzdem nur die Oberstufe besuchen. In der Familie gab es keine Förderung. Ich hätte gerne Klavier- oder Geigenunterricht genommen, aber auch andere Hobbys waren natürlich kein Thema. Später dachte ich oft: Die Eltern vermittelten mir keinerlei Bildung und keine moralischen Werte. Beides musste ich mir in späteren Jahren selbst erarbeiten und bezahlte dafür einen hohen Preis. Doch das harte Regime meiner Kindheit führte auch dazu, dass ich extrem arbeitswillig und leidensfähig wurde.

Mutter war in der Zwischenzeit beruflich aufgestiegen und arbeitete nun als Tuchschauerin. Solche Spezialkräfte prüfen die in den Fabriken gewobenen Stoffe auf kleinste Fehler. Sie stand an einem langen Tisch und wickelte mit geübtem Griff jeden Tag tausende von Metern Textilien ab, deren Unebenheiten und Webfehler sie kennzeichnen musste, bevor die als einwandfrei qualifizierten Gewebe an die exklusiven Abnehmer in Zürich ausgeliefert wurden. Die Arbeit war monoton, das Umfeld aber ruhig. Sie war jetzt ihr eigener Chef und verdiente etwas besser. Zu ihrer Zufriedenheit trugen diese positiven Veränderungen nicht bei. Auch die zweite Ehe war schwierig. Der ekelhafte Geruch seiner Beizentouren umgab den Stiefvater, wenn er die Wohnung betrat. Bier- und ein ganz bestimmter Tabakgeruch sind mir noch heute unerträglich und der alleinige Besuch eines Restaurants war mir bis zum dreissigsten Altersjahr unmöglich. Er war schwerer Alkoholiker. Vor allem an Weihnachten artete immer alles aus. Die primitiv und laut ausgetragenen Streitigkeiten endeten meist in gewalttätigen Auseinandersetzungen zwischen den Eheleuten. Sie versteckte seine Alkoholflaschen oder mischte ihm heimlich Antabus ins Essen, worauf er sich die Seele aus dem Leib kotze. Ihre ständige Eifersucht führte ebenfalls immer wieder zu schrecklichen Szenen. Sie schlug auf ihn ein und riss ihm büschelweise Haare aus, worauf er nur noch mit einem Messer unter dem Kopfkissen schlief. Wie immer stand auch ich im Zentrum der Aggressionen, wurde misshandelt und mit Nahrungsentzug bestraft. Auch in ihrem zweiten Mann fand Mutter einen willigen Helfer. Einmal schlug er mir die Faust ins Gesicht, wobei er mir die Nase brach. Jahrzehntelang und noch im hohen Erwachsenenalter war ich zudem im Zwang gefangen, um Punkt 17.55 Uhr in meiner Wohnung sein zu müssen. Egal, ob ich im Büro oder unterwegs war: Ab 16 Uhr erfasste mich eine grosse Nervosität, mit dem Ziel, pünktlich nach Hause zu gelangen. Irgendwann wurde mir bewusst, dass mein Verhalten mit der panischen Angst vor meinem Stiefvater zu tun hatte. Dieser prügelte mich mit einem Lederriemen halb tot, wenn ich mich am Abend nur um eine Minute verspätete. Weitere Aktionen, in die der Stiefvater und die Mutter gemeinsam involviert waren, blieben nicht aus. Einmal duschten sie mich mitten im Winter eiskalt ab und schlossen mich halb nackt auf den Balkon aus. Im Freien herrschten Minustemperaturen. Ich hatte seit zwei Tagen nichts mehr gegessen. Im Erdgeschoss befand sich eine Metzgerei. Sie hatten gerade geschlachtet. Unerträgliche Gerüche stiegen hoch, die vom Blut, den Schlachtabfällen und Innereien herrührten. Ich schlotterte in dieser Dampfwolke des Todes vor Kälte und Angst, wusste nicht, ob sie mich in den nächsten Stunden hier draussen erfrieren liessen und verspürte gleichzeitig unbändigen Hunger. Ich hätte schreien und weinen wollen. Doch ich blieb ruhig. Der damalige Geruch verfolgt mich bis heute, genauso wie mich der selten gewordene Duft von gewienertem Parkett mit der Wehrlosigkeit meiner Kindheit in Kontakt bringt. Die Lappen, mit denen das Wachs auf den Boden gebracht wurde, hingen im dunklen Verlies unter der Treppe, in das ich bis zu unserem Umzug gesperrt worden war. Auch Dunkelheit, Kälte, Hunger und manche Geräusche bringen mich unwillkürlich mit schrecklichen Erlebnissen in Verbindung und prägen mein Verhalten zum Teil bis zum heutigen Tag. Nebst der fanatischen Pünktlichkeit esse ich oft spätnachts; einfach so, weil ich darf. Als ich Jahrzehnte später in eine tiefe Krise geriet, konnte ich mich nach zwei Tagen, in denen ich mich selbst fast verdursten liess nur mit grösser Willensanstrengung dazu zwingen, erneut zu trinken und am Leben zu bleiben. Der Gang zu Kühlschrank und Vorratsschränken war mir in meiner Kindheit unter Androhung drastischer Strafen untersagt. Ich war zu diesem Zeitpunkt immer noch spindeldürr und unterernährt.

Im Aargau betätigte ich mich als Altmetallsammler und entdeckte eine vielversprechende Nische, die mir einen zusätzlichen Verdienst einbrachte. In Baden gab es einen Produzenten für Messing-Armaturen. Ich wusste, dass sich nach dem Giessen sogenannte Messingperlen absetzen. Diese Überreste schürfte ich wie ein Goldgräber stundenlang aus dem Sand und verkaufte alles an eine fahrende Gemeinschaft, die in der Nähe auf einer Müllhalde lebte. Nachdem ich mit meiner Schwester den Handel geschlossen hatte, dass sie meine bei der Arbeit meist schmutzig gewordenen Kleider sofort wäscht oder fachmännisch reinigt, teilten wir uns den Erlös: Süssigkeiten und Gebäck. Mit den Fahrenden befand ich mich in regelmässigem Kontakt. Sie behandelten ihre Kinder gut, meinte ich zumindest, und der Tisch war stets reichlich gedeckt. Unterbewusst war ich vielleicht auf der Suche nach Zugehörigkeit und nach einer Familie, die diesen Namen verdient. Ich liess mich von netten Worten und einem vollen Teller täuschen. Ich war in der Zwischenzeit ein grosser Tierfan geworden, liebte Esel und Hunde, zu denen ich anders als zu Menschen sofort eine Beziehung aufbauen konnte. Eines Tages, nachdem ich beim Mittagessen ordentlich zugelangt hatte, vermisste ich Barry, den grossen Bernhardiner, den ich oft streichelte und umarmte. Ich ging auf die Suche nach ihm und machte einen furchtbaren Fund: Sein Fell und der abgetrennte Kopf lagen hinter einem der Wohnwagen. Mir wurde speiübel, denn ich wusste sofort, was ich zuvor gegessen hatte. Enttäuscht und wütend liess eine weitere schockierende Erfahrung nicht lange auf sich warten. Nachdem mich das weibliche Oberhaupt der Fahrenden ermunterte, ein in den Ferien weilendes minderjähriges Mädchen «auszuprobieren», und mir im gleichen Atemzug die sexuellen Tricks schilderte, die das Kind beherrsche, reagierte ich entsetzt. Ich war selbst erst 12 Jahre alt. Nie im Leben hätte ich eine solche Gelegenheit wahrgenommen. Gleichzeitig ahnte ich instinktiv, dass ich vermutlich bereits nach einem Kuss mit dem besagten Mädchen dem Ehrenkodex der Fahrenden entsprechend als Verlobter angesehen würde. Ich handelte eigenverantwortlich und auch im Sinn des Mädchens und brach den Kontakt zu dieser schrecklich netten Ersatzfamilie sofort ab.

Mein viel später unternommener Versuch, über eine Heraldikgruppe das Wappen der Ernis zu verewigen und damit meine familiären Wurzeln zu suchen, führte zu einer Erkenntnis, die ich offenbar lange Zeit nicht wahrhaben wollte: Ein Wappen meines Zweigs der Familie Erni existierte nicht.

Narbenkind

Als Teenager litt ich nun stärker unter der anatomischen Fehlstellung des Kiefers, die ich von meiner Mutter geerbt hatte. Dieser optische Makel offenbarte sich, sobald ich sprach oder lachte. Für mein Aussehen schämte ich mich und doch hatte ich ein *Schätzeli* gefunden. Zusammen hatten wir einen Plan für die Zukunft: Wir wollten uns umbringen. Sich Hand in Hand vor einen fahrenden Zug werfen, so lautete ein Plan, den wir schliesslich nicht in die Tat umsetzten und, als hätte uns allein der Wunsch zu sterben, aneinandergeschweisst, machten wir danach Schluss miteinander. Ich blieb ein Einzelgänger, schweigsam, misstrauisch und im negativen Denken meiner Mutter gefangen, die alle Menschen hasste und immer nur das Schlechteste von ihnen erwartete. In einem anderen Bereich fand mit 14 Jahren ein Umdenken statt: Bisher verfolgte ich die Taktik, dass sich Gewalt am ehesten verhindern lässt, wenn man sich anpasst, nichts sagt, die eigenen Limiten niemals ausschöpft und alles vermeidet, was ausserhalb von Regeln und Verboten steht. Doch nun wurde ich grösser, kräftiger und begann mich mit der Selbstverteidigung zu befassen. Ringen, Judo, Karate und Boxen betrieb ich bald exzessiv. Die Möglichkeit, mich gegen Angriffe verteidigen zu können, führte allerdings auch dazu, dass ich mich bei unzähligen Trainingseinheiten selbst verletzte. Backsteine, Besenstiele und Glasflaschen zertrümmerte ich mit der Handkante. Einmal durchtrennte ich dabei eine Sehne und andere, zum Teil schwerwiegende Verletzungen folgten. Ich musste ein halbes Dutzend Mal operiert werden. Der physische Schmerz verdrängte den seelischen Schmerz und gleichzeitig spürte ich meinen Körper in einer positiven Art und Weise: Schnell, drahtig und sehr beweglich verfügte ich über ausgezeichnete Reflexe und entwickelte mich rasch zu einem guten Kämpfer in verschiedenen Disziplinen. Der Sport trug zu meinem Selbstbewusstsein bei und stärkte mich mental. Jetzt war ich nicht mehr wehrlos und konnte jenen, die mich wegen meines Aussehens demütigten, entgegentreten. Die Attacken und Übergriffe meiner Mutter stoppten in dieser Phase meines Lebens. Der Stiefvater liess nicht von mir ab, doch zwei Jahre später prügelte ich zurück. Ich war ihm aufgrund meines Trainings überlegen und mit der Zeit flachten seine Angriffe auf mich ab. Ein anderes einschneidendes Erlebnis geschah in der frühen Jugendzeit. Ich weiss nicht, wie lange die sexuellen Übergriffe auf meine Schwester durch ihn bereits andauerten, aber eines Tages trat ich per Zufall in die Wohnung, als er sie grob bedrängte. Ich war ausser mir, zerrte ihn auf den Balkon und ohne Intervention von Marie hätte ich ihn über das Geländer gestossen. Den Sturz in die Tiefe hätte er vermutlich nicht überlebt.

Es heisst, dass erfahrenes Unrecht und zügellose Gewalt in der Kindheit dazu führen können, dass die innere Wut, die Scham und der Hass sich eines Tages eruptiv entladen und Unschuldige in Mitleidenschaft gezogen werden können. In meinem Fall war es anders: Ich wehrte mich für meine Schwester, indem ich ihren Widersacher angriff und handelte in dieser Situation anders als jene, die in meinem Umfeld immer weggeblickt haben aus Angst, Bequemlichkeit, oder ganz einfach, weil ihnen mein Schicksal egal war. Es war also keine Aggression, die sich grundlos zeigte; ich verteidigte einen wehrlosen Menschen. Dieses Verhalten begleitete mich durch mein weiteres Leben. Jahrzehnte später befand mich auf einer Reise in den USA und ass in einem Restaurant zu Abend, als mir die Familie am Nebentisch auffiel. Während die anderen assen und tranken, musste der kleine Junge zusehen. Irgendein Vorfall führte dazu, dass der Vater sichtlich aufgebracht und wütend mit seinem Sohn nach draussen ging. Ich wusste instinktiv und mit absoluter Sicherheit, dass der Kleine geschlagen wird. Ich fühlte mit ihm, als würde der kleine Kurt dort stehen. Ich folgte den beiden, sorgte dafür, dass der Vater mich wahrnahm und warf ihm einen Blick zu, den er sofort verstand: Rühr den Jungen an, und es setzt es für dich die Tracht Prügel deines Lebens! Er machte sofort rechtsumkehrt und sass später scheinbar friedlich am Tisch.

Ich wusste bereits früh, dass ich niemals so werden wollte wie die Erwachsenen in meinem familiären Umfeld, und dass ich fähig war, die Gewaltspirale zu durchbrechen. Auf diesem Weg suchte ich nach Gründen, die das Verhalten meiner Mutter erklärten: die eigene schwere Jugend, Gewalterfahrung, das Unglück ihres eigenen Lebens. Gleichzeitig wurde ich mir bewusst, dass solche Voraussetzungen keine Entschuldigung sind, um das Schlechte weiterzugeben. Es gibt immer Möglichkeiten, aus diesem Teufelskreis auszubrechen und sich weiterzuentwickeln. Wenn man will und wenn man stark bleibt. Aus dem Erlittenen etwas Gutes zu machen, stand für mich mit zunehmendem Alter im Fokus meiner Aktionen. Es war mir ein persönliches Bedürfnis, schwachen und wehrlosen Menschen und Tieren zu helfen. In diesem Verhalten erkannte ich, dass sich das Böse meiner Kindheit nicht in mir festsetzte, mein Leben ein anderes sein würde, ich mich verbessern konnte. Zu helfen und andere zu beschützen, war allerdings auch ein Akt der Stärke. Ich wollte nie mehr schwach sein, doch bis ich über jene Dinge sprechen konnte, die mir in meiner Kindheit widerfahren waren, sollte es noch Jahrzehnte dauern.

Als es um die Berufswahl ging, wusste ich mit absoluter Sicherheit, dass ich zuerst Koch werden wollte. Damit verband ich Freiheit, eine Zukunft als Polizist, und auch meine Angst, die sich in der Zwischenzeit zu einer Neurose entwickelte – nicht genug zu essen zu haben – würde sich in diesem Umfeld besser kontrollieren lassen. Mutter wollte aus mir einen Hilfsarbeiter machen, doch diesem Anliegen widersetzte ich mich und bewarb mich selbstständig bei verschiedenen Stellen. Eine davon war im Kanton Zug. Der Lehrmeister wollte den Vertrag an Ort und Stelle unterschreiben. Bevor ich meine Unterschrift gab, fragte er mich, ob ich katholisch sei. Als ich verneinte, zerriss er das Papier vor meinen Augen. Schliesslich fand ich in Baden eine Lehrstelle. Das Restaurant befand sich auf dem Theaterplatz, bot gehobene Küche an und beim Chef handelte es sich um einen Welschen. Meine Arbeit als Hilfskoch in Thalwil fiel beim Vorstellungsgespräch positiv ins Gewicht und auch, dass ich – noch während der Schulzeit – bei einem Metzger lernte, wie man Fleischstücke schneidet und Tiere fachmännisch ausnimmt. Manche Betriebe verlangten in den 1960er-Jahren Geld, damit sie Lehrlinge ausbildeten. Der Wirt wollte 1000 Franken! Und auch die Messergarnitur und die Berufskleidung müsse ich aus eigener Tasche berappen, liess er mich wissen. Ich erinnere mich nicht, ob es in dieser Zeit war oder erst später, als ich realisierte, dass es in meiner Sparbüchse immer leiser klingelte. Als ich sie öffnete, lagen nur noch zwei Münzen drin. Mein ganzes Erspartes aus Kindertagen, war weg. Ich stellte den Stiefvater wütend zur Rede. Er gab den Diebstahl zu. Jahre später wollte er mich treffen und schob mir – nach einer Erbschaft, die er machen konnte – wortlos eine 1000-Franken-Note über den Tisch. Ich liess ihn wissen: «Entweder du steckst die Note sofort wieder ein oder ich vergesse mich.» Als 14-Jähriger musste ich mir so oder so etwas einfallen lassen, damit ich das Lehrgeld aufbringen und die Ausbildung antreten konnte. Ich heuerte bei der damaligen Brown Boveri & Cie (BBC) in Baden an, einer riesigen Firma, die über tausende von Angestellten sowie rund fünfzig abschliessbare Vitrinen verfügte, in denen hausinterne Mitteilungen angebracht wurden, vor allem aber auch die Todesanzeigen. Irgendjemand starb immer, zudem vermeldetete die Firma auch den Hinschied ehemaliger Mitarbeiter. Meine Aufgabe bestand darin, die Anzeigen in den Kästen anzubringen. Ich lief jeden Tag viele Kilometer, und da meine Tour immer dieselbe war, wurde ich von neugierigen Angestellten meist bereits erwartet. Nach zwei Wochen kam mir die Lauferei sinnlos und wenig effizient vor. Selbstbewusst stellte ich beim Chef den Antrag auf ein Trottinett. So könne die halbe Arbeitszeit eingespart werden.

Bald flitze ich mit dem Trottinett durch die Gänge und durfte in der restlichen Arbeitszeit in der Hausdruckerei arbeiten. Den Lohn brachte ich jeweils sofort zum Wirt in Baden, damit er mir die Stelle freihielt. Nach einem halben Jahr hatte ich auch das

Geld für die Berufskleidung und ein neues Messerset zusammen, das ich mit meinem Namen gravieren liess und noch heute besitze.

Nun war ich ein Jugendlicher, doch an das Jungsein erinnere ich mich nicht wirklich. Angeekelt durch den Lebenswandel des Stiefvaters, rauchte ich nicht, trank keinen Tropfen Alkohol, und wie man sich in einer Gruppe bewegt, was man sagt, tut, darstellen muss, blieb mir fremd. Auf den Tanz oder ins Kino gehen, Kleider kaufen: Das gab es bei mir nicht. Mit meiner Vorgeschichte hätte es leicht geschehen können, dass ich die falschen Kreise geriete, mich labil verhielte und aus mir würde, was mir Mutter tausendmal prophezeit hat: ein Verbrecher. Das musste um jeden Preis verhindert werden. Während andere Gleichaltrige Flausen im Kopf hatten und in der Freizeit Unsinn trieben, blieb ich dem Sport treu. Er wurde zu einem Ventil und zu einer Bestätigung, denn ich erlebte, dass ich auch in diesem Bereich etwas erreichen konnte. Ich wollte um jeden Preis siegen. Als Läufer rollte ich das Feld von hinten auf, fing langsam an, war aber viel belastbarer als die Kameraden. Ich kotze vor Erschöpfung, lief weiter, immer weiter, und gelangte fast immer als Erster ins Ziel. Mein Selbstwertgefühl war sicher nicht gut, aber meine Willensstärke war besser als diejenige der anderen, wie ich damals realisierte. Bereits als kleines Kind liess mich mein Willen alles aushalten und in gewisser Weise sogar überwinden. Die depressiven Phasen, die abgrundtiefe Leere, meine Unwichtigkeit. Und als mich in späteren Jahren schwere Schicksalsschläge trafen, war ich weiterhin fähig, nicht zu sterben, sondern weiterzumachen. Selbst etwas zu erreichen, kein Verbrecher zu werden, mit mir allein zurechtzukommen, ein guter Mensch zu sein, dafür zu sorgen, dass ich genügend zu essen habe: Ich wollte ein anständiges Leben führen, irgendwann eine Respektsperson sein und ordnete diesen Ansprüchen alles andere unter. Rückblickend betrachtet, war ich in jungem Alter selbstständig und auch kreativ, fand Kraft, um meinen Weg fortzusetzen und meine Ziele zu erreichen.

Die Kochlehre betrachtete ich als Sprungbrett. Danach wollte ich ins Militär, die Polizeischule absolvieren, zehn Jahre lang bei der Kapo arbeiten, um dann – mit der richtigen Frau an meiner Seite – ein gutes Restaurant zu eröffnen. Das Schönste an der Lehre war, dass ich Mutter und ihren Mann praktisch nicht mehr sehen musste. Frühmorgens ging ich aus dem Haus, die Zimmerstunden verbrachte ich im Betrieb und wenn ich nach der Schliessung des Restaurants nach Hause zurückkehrte, lagen die anderen bereits im Bett. Einmal, als ich von der Arbeit nach Hause kam, standen wunderschöne Schuhe der Luxusmarke Bally auf dem Tisch. Am Wochenende eröffnete mir Mutter, diese seien für mich. Ich, der Zeit meines Kinderlebens die Kleider meiner Schwester austragen musste, was oft genug für Spott und Hohn bei den Kameraden sorgte, kam aus dem Staunen nicht heraus. Doch dann freute ich mich. Zumindest bis ich die Geschichte hinter dem Geschenk erfuhr. Der Ausläufer ihrer Firma, den ich flüchtig kannte, ein 17-Jähriger, der immer tipptopp gekleidet war, verdiente sich in der Freizeit offenbar ein Zubrot als Strichjunge. Nachdem er im Affekt einen Freier erschlagen hatte, wurde sein Zimmer geräumt und Mutter kaufte das exklusive Schuhwerk für wenig Geld. Ich hatte den jungen Mann stets als freundlich wahrgenommen, wenn ich im Geschäft von Mutter per Zufall auf ihn traf. Ich war mir sicher, dass er nicht homosexuell war. Seine Tat muss in einem Anfall von Ekel geschehen sein oder weil der andere ihn demütigte. Ich konnte mich in ihn hineinversetzen, und doch tat mir auch das schwer malträtierte Opfer leid, dessen Bild in der Zeitung abgebildet wurde. Langer Rede, kurzer Sinn: Die Schuhe passten wie eine Faust aufs Auge zu meinen übrigen Kleidungsstücken und waren ausserdem zu klein: Meine Füsse schmerzten höllisch in den Schuhen eines Mörders, in die mich Mutter hatte stecken wollen. Sie war nicht dumm. Sie wusste, was sie tat, und erwartete für diese bösartige Aktion auch noch Dank.

Die schwierig bleibenden Umstände zu Hause, rückten jeweils in weite Ferne, wenn ich «mein» Restaurant betrat. Es war eine andere Welt mit einer gehobenen Klientel, die, wie mein Chef, auch aus dem Welschland stammte, sich zu benehmen wusste und zu Recht gewisse Ansprüche stellte. Wir waren ein kleines Team, der Chef, eine Küchenhilfe und ich. Da ich bereits kochen konnte, wurde ich schnell eingespannt und durfte wichtige Aufgaben übernehmen. Bei der Spezialität des Hauses handelte es sich um Entrecôte Café de Paris, das ich bald selbst zubereitete, während im Herbst verschiedene Wildgerichte die Karte bestimmten. Das ganze Jahr hindurch wurde saisonal und regional gekocht. Wie in den grossen Restaurants kauften wir Gemüse und Früchte zweimal pro Woche auf dem Markt ein, liessen uns vom dortigen Angebot inspirieren und kreierten daraufhin das tägliche Angebot mit Einflüssen aus der französischen Schweiz. Der Chef war in Ordnung, konnte jedoch extrem wütend werden, worauf Eier durch die Luft flogen oder er auch mal mit einer Fleischgabel zustiess. Meine Toleranzgrenze war in dieser Hinsicht natürlich extrem gross und ich liess mich durch solche Aktionen nicht einschüchtern. Nach wenigen Monaten war ich für die Mittagsplanung zuständig, lernte genau zu rechnen und zu organisieren und wurde ein, wie ich sagen darf, ausgezeichneter Koch. Meine Lieblingsbeschäftigung blieb indes Karotten schälen. Bereits als Hilfskraft in Thalwil – vor allem aber unter der Fuchtel von Mutter – vermittelte mir diese Tätigkeit Zeit, in der ich mein dringendes und beinahe unstillbares Bedürfnis nach Ruhe pflegen konnte.

In der Lehre realisierte ich bald, dass diese Ausbildung das Richtige für mich war. Ich konnte mich beweisen und mich weiterentwickeln. Vor allem aber konnte ich essen: Wenn unangetastetes Fleisch in die Küche zurückkam, durften wir dieses und andere Reste verputzen. Das Frühstück nahm ich ebenfalls am Arbeitsort ein und am Mittag bereitete ich mir eine kleine Mahlzeit zu, indem ich in der Pfanne ein aufgeschnittenes Brötchen toastete, in einer anderen Pfanne Tomaten, Zwiebel und Sardellen anröstete und so ein Eingeklemmtes der speziellen Art kreierte. Es schmeckte köstlich und kostete nichts.

Mit dem Lehrlingslohn leistete ich mir Privatstunden bei einer Französischlehrerin, damit ich die Bestellungen und das Annoncieren der Speisen perfekt beherrschte. Ich galt als ruhig, introvertiert und äusserst arbeitsam. Während die anderen Lehrlinge der umliegenden Gaststätten und Hotels nach Dienstschluss zusammen mit den Köchen und Serviertöchtern im Ausgang auf den Putz hauten, blieb ich der aussenstehende Beobachter. Einsam fühlte ich mich nie. Ich war einfach froh, wenn man mich in Ruhe liess. Die Freizeit war sowieso karg. Nach den langen Arbeitstagen gelangten zur späten Stunde oft noch jene Gäste ins Restaurant, die zuvor das Kurtheater besucht hatten. Wir arbeiteten weiter, danach musste die Küche aufgeräumt und die Abrechnungen gemacht werden und am nächsten Morgen um 9 Uhr war bereits wieder Arbeitsbeginn. Im zweiten Lehrjahr fand ein Wirtewechsel statt. Mein neuer Chef, ein Tessiner und ausgezeichneter Kenner der italienischen Küche, hielt nichts von Pizza und Pasta, sondern zauberte hochstehende und gleichzeitig authentische Gerichte auf den Tisch. Ich lernte schnell. Als er realisierte, was ich bereits alles beherrschte, widmete er sich bald vermehrt seinem Hobby: der Jagd. Als er beschloss, das erste Mal seit zwanzig Jahren in die Ferien zu verreisen, tat er dies im Wissen, mir guten Gewissens die Verantwortung für den gesamten Betrieb übergeben zu können. Ich war 17 Jahre alt. Er vertraute mir uneingeschränkt. Es war ein gutes Gefühl. Die Arbeit sorgte für Ablenkung und gleichzeitig konnte ich mich weiterbilden. Die Auseinandersetzung mit der ungarischen, spanischen, italienischen und karibischen Küche ermöglichte mir den Zugang zu fremden Kulturen und Ländern. Die Gerüche, die exotischen Zutaten und Zubereitungsarten, mit verschiedensten Gerätschaften und Öfen: Ich machte Weltreisen im Kopf und auch die Geschichte der Küche begann mich zu interessieren, so etwa die Arme-Leute-Küche oder wie sich die Kochkunst im Verlauf von Jahrhunderten verändert hat und wie sie in Zusammenhang mit gesellschaftlichen Veränderungen steht. Ich fing bei Adam und Eva an: Warum kocht man überhaupt? Was bedeutet es, wirklich gut zu kochen?

Wie haben sich die Lebensmittel im Verlauf der Zeit verändert? Warum wird in einigen Regionen nur brauner Zucker verwendet und wie stehen solche Begebenheiten mit den industriellen Möglichkeiten der jeweiligen Länder in Zusammenhang? Ausserhalb der Schweiz war ich zu diesem Zeitpunkt noch nie gewesen. Die einzigen beiden Ferienaufenthalte verbrachte ich, wie bereits erwähnt, im Landdienst und bei den Grosseltern. Nun träumte ich davon, Schiffskoch zu werden oder Chefkoch: Mit beiden Tätigkeiten verband ich den Aufenthalt in der Ferne. Den Lehrabschluss bestand ich als Zweitbester im ganzen Kanton. Das Menü hatte ich auf einen schön bedruckten Bogen Papier formuliert. Auf Französisch! Als Auftakt stand eine französische Suppe auf dem Programm, gefolgt von einem Egli-Filet nach Grenobler Art. Als Hauptspeise bereitete ich einen englischen Rinderbraten zu, der von Bratkartoffeln, Fenchel nach Mailänder Art und einen Saisonsalat begleitet wurde und als Nachspeise servierte ich eine Marsala-Zabaione. Das aufwendige Essen, das zur Prüfung gehörte, wurde traditionsgemäss mit den Eltern zusammen verputzt. Dass ich meiner Mutter und dem Stiefvater einen solchen Festschmaus kredenzen sollte, erschien mir absurd. Ich kochte das Prüfungsmenü im Betrieb und spendierte es anschliessend dem Personal. Als Jungkoch blieb ich nach dem Abschluss im Restaurant tätig, wollte die Zeit bis zur Rekrutenschule überbrücken, arbeitete viel, lebte aus Kostengründen bei Mutter und bemerkte die sich ankündigende Krise nicht.

Jahrzehnte später kaufte ich ein Buch, das in den 1990er-Jahren für viel Aufsehen in den USA sorgte. Der Autor Dave Pelzer hatte als Kind ein ähnliches Schicksal erlitten wie ich und wuchs bis zum 12. Lebensjahr ebenfalls bei einer sadistischen und äusserst gewalttätigen Mutter auf. Der Titel lautete «Sie nannten mich ‹Es›». Heute denke ich: Obwohl ich in ganz jungen Jahren bereits einiges geschafft hatte, fühlte ich mich tief im Innern weiterhin als Nichts. Als Neutrum. Als «Es». In diesem Sinn hatte ich bereits als kleines Kind die Sinnlosigkeit erkannt, mich

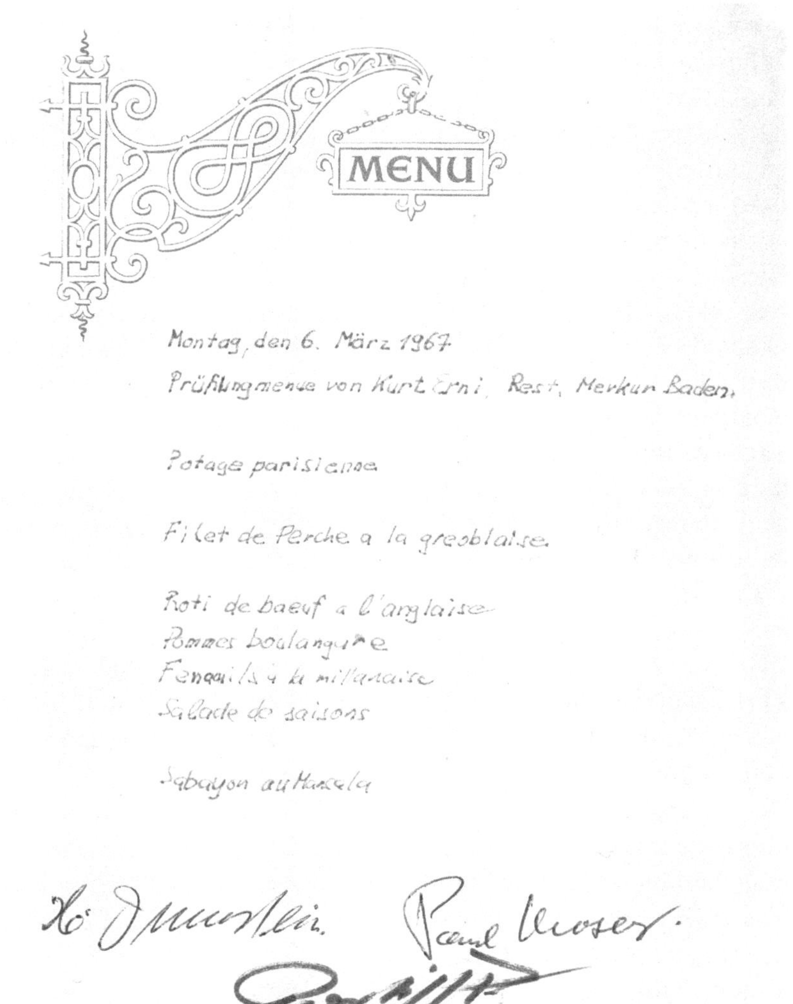
MENU

Montag, den 6. März 1967

Prüfungmenue von Kurt Erni, Rest. Merkur Baden.

Potage parisienne

Filet de Perche a la greoblaise.

Roti de baeuf a l'anglaise
Pommes boulangère
Fenouils à la milanaise
Salade de saisons

Sabayon au Marsala

Knorr

Prüfungsmenükarte zum Lehrabschluss als Koch am 6. März 1967 im Hotel Merkur in Baden, unterzeichnet von den drei Experten. Das Menü wurde erst am Prüfungstag bekannt gegeben.

im familiären Umfeld zu äussern, da meine Bedürfnisse und Wünsche konsequent ignoriert und meine Daseinsberechtigung tagtäglich infrage gestellt wurde. Vordergründig ging es mir nach dem Lehrabschluss gut. Doch während ich beruflich sprach, mich äusserte, verfiel ich zu Hause ein halbes Jahr lang in komplettes Schweigen. Der selektive Mutismus – auch das weiss man heute – ist eine Angststörung, die vorwiegend im Kindes- und Jugendalter auftritt und mit Sozialangst, Rückzug oder Widerstand verbunden ist. Im gleichen Zeitraum entwickelte sich mein Aussehen zu einem ernsthaften Problem für mich. Ich litt unter Minderwertigkeitsgefühlen wegen meinem Rossgebiss, presste die Lippen zusammen, lachte selten. Eines Tages liess mich ein Gast wissen, er habe am Vorabend eine medizinische TV-Sendung mit Mäni Weber gesehen, bei der gezeigt worden sei, dass eine solche Kieferfehlstellung operativ behoben werden könne. Sofort erkundigte ich mich und erhielt die Information, beim gezeigten Eingriff handle sich erst um die zweite Operation dieser Art, die in der Schweiz jemals durchgeführt worden sei. Über die Zahnklinik der Universitätsklinik Zürich gelangte ich an einen Professor, der die Operation bei mir kostenfrei durchführen wollte. Sein wenig beruhigendes Argument für dieses Entgegenkommen lautete: «Ich muss üben!» Der Eingriff sei komplex, liess er mich wissen. Der Unterkiefer müsse auseinandergesägt werden, worauf er Knochenteile aus meinem eigenen Beckenkamm implantiere, damit sich das Gebiss nach vorne schieben könne. Ich ging davon aus, dass die Operation misslingen wird und fasste den Entschluss, mich in diesem Fall zu erschiessen. Als Kind hatte ich bei der Suche nach Altmetall zwei funktionstüchtige Karabiner gefunden. Die abgesägten Läufe wiesen darauf hin, dass diese für ein Verbrechen verwendet worden waren. Nachdem ich die Waffen an mich genommen hatte, besorgte ich mir Munition und versteckte beides an einem sicheren Ort im Keller. Der Gedanke an die Schiesseisen beruhigte mich in den Tagen vor der Operation. Nach dem mehrstündigen Eingriff erwachte ich. Die Fixierung meines Kiefers verunmöglichte das Sprechen und ich konnte wochenlang nur über einen Strohhalm ernährt werden. Beides versetzte mich in Panik. Dieser Zustand erwies sich als Belastung, vor allem wusste ich über einen langen Zeitraum hinweg nicht, wie das Experiment ausgehen wird, da dies erst nach der Entfernung des Kamms klar würde, wie man mich informierte. Diese Umstände trugen nicht zu meiner seelischen Ausgeglichenheit bei. Ein vierter Engel – Annabelle* – kam ins Spiel. Eine Krankenschwester, die mich pflegte. Eine mütterliche Frau, die mich als Mensch wahrnahm und mir mit Mitgefühl begegnete. Genau wie die Engel zuvor nahm sie mich manchmal in den Arm und tröstete mich. Ich verbrachte viele Wochen in ihrem Schutz. Die Operation war gut verlaufen, doch es gab aufgrund sich ablösender Knochensplitter Komplikationen, die noch jahrelang andauern sollten und bei meiner Entlassung aus dem Spital war noch immer nicht klar, ob das ästhetische Resultat komplett befriedigend ausfallen würde. Diese Unsicherheit, aber auch der Umstand, dass mir mein Engel schrecklich fehlte, als ich in das Elend meiner Familie zurückkehren musste und allein und ohne Ablenkung in meinem Zimmer lag, verstärkten einen depressiven Zustand, der sich innerhalb von Tagen verschlimmerte.

In meinem späteren Leben als Kantonspolizist in Erlenbach war ich mit vielen Suizidopfern konfrontiert. Menschen, die von Zügen komplett zerstückelt wurden wie auch solche, die sich erhängt haben. Das schrecklichste Bild verfolgt mich bis zum heutigen Tag: Ein lebensmüder Mann schnitt sich auf einer Tischkreissäge selbst den Kopf ab. Jene, die solche Menschen auffinden, erleiden einen Schock und fragen sich vielleicht, warum der Suizid derart brutal ausfallen musste. Mir half in solchen Situationen, was ich bereits wusste, weil ich es am eigenen Leib erfahren hatte. Wer extrem verzweifelt ist, kann nicht mehr richtig denken. Um dem Leid ein Ende zu bereiten, sind alle Mittel recht. Mit 18 Jahren wollte auch ich mein Vorhaben in die Tat umsetzen und nahm den Karabiner mit ins Bett. Ich weiss nicht mehr, was ich dachte oder fühlte, befand mich in einer eigenen

Welt und wollte gerade abdrücken – als es an die Tür klopfte. Ich erstarrte, versteckte die Waffe unter der Bettdecke. Mutter hielt mir das Telefon hin. «Ein Anruf für dich.» Es war der Engel. Sie hatte gespürt, dass etwas nicht gut ist. Nachdem meine Tränen versiegt waren, packte ich meinen Koffer. Ich durfte zwei Wochen bei ihr leben und konnte mich in dieser Zeit psychisch erholen und kam mit ihrer Hilfe zur Ruhe. Jahrzehnte später sass ich im Zug, hörte eine Stimme und wusste sofort: Es ist Annabelle, meine Lebensretterin. Sie erkannte mich und freute sich sehr über das Wiedersehen. Nochmals einige Jahre später führten wir ein langes Telefongespräch, bei dem ich ihr dankte. Dafür, dass sie ein Mensch ist, der diesen Namen verdient.

Dass mein Zustand weniger stabil war als gedacht, zeigte sich Monate nach meiner Rettung durch diese Frau. Nach einem besonders brutalen Streit zwischen meiner Mutter und meinem Stiefvater, bei dem er sie mit dem Messer bedrohte, setzte ich mich völlig verzweifelt in mein erstes Auto, das ich mir zusammengespart hatte, und fuhr los. Ich hatte mein Ziel genau vor Augen: eine Betonwand in Würenlos. Den ungebremsten Aufprall würde ich glücklicherweise nicht überleben. Ich erinnere mich nicht mehr an die Gründe, warum ich das Vorhaben schliesslich nicht in die Tat umsetzte, beschloss ab diesem Zeitpunkt allerdings bewusst, leben zu wollen, und schaffte es tatsächlich, mich auf die Zukunft zu konzentrieren.

Richtungswechsel

Im Endeffekt erwies sich die Kieferoperation als zufriedenstellend. Bis sich Ober- und Unterlippe ausbilden konnten, dauerte es noch Jahrzehnte, doch bereits nach Monaten waren die optischen Effekte sichtbar. Mein verändertes Aussehen trug indes nicht wesentlich zu meinem Wohlbefinden bei und auch die erhofften grossen Veränderungen in meinem Leben blieben aus. Mein Verhältnis zum weiblichen Geschlecht war, gelinde gesagt, schwierig. Bereits in jungen Jahren hegte ich hohe Ansprüche, wollte eine gebildete Frau mit Stil und hatte einen eigentlichen Horror vor lauten, groben Mädchen. Mutters Worte in den Ohren – «schöne Frau gehören dir bei deinem Aussehen, nie allein» – hatte ich Angst vor attraktiven Frauen. In der Nähe unserer Wohnung befand sich ein Heim für ledige Mütter. Ich verliebte mich in eine Bewohnerin: eine Frau, die über Herzensbildung verfügte und – leider! – mit dem leicht gebräunten Teint und den glänzenden Haaren wunderschön war. Sie zeigte auch Interesse, doch ich zog mich zurück. Obwohl ich in meinem Leben verschiedene langjährige Beziehungen führte und jung eine Ehe einging, wurde mir Jahrzehnte später bewusst, dass ich unter gravierenden Vertrauensproblemen litt – gegenüber Menschen im Allgemeinen und gegenüber Frauen im Speziellen. Äusserlich verhielt ich mich angepasst, machte, was man als anständiger Partner so macht, aber innerlich blieb der Stachel vorhanden. Mit den Frauen verfolgte mich das Misstrauen als diffuses Gefühl und gleichzeitig forderte ich von meinen Partnerinnen 100-prozentiges Vertrauen. Eine acht Jahre lang dauernde Beziehung zerbrach später, weil ich bemerkte, dass sie in einer meiner Schubladen etwas gesucht hatte, von dem ich nicht wusste, was es war. Sie misstraute mir offensichtlich, sonst hätte sie ihre Zweifel geäussert. Gleichzeitig empfand ich diese Aktion als Übergriff auf meine mir sehr wichtige Privatsphäre. In solchen und anderen Fragen bin ich unerbittlich: Die höchsten Werte, die ich für mich selbst fand, sind Ehrlichkeit und Vertrauenswürdigkeit. Aus diesem Grund darf man mir alles sagen, mich alles fragen. Beschönigen und lügen toleriere ich nicht.

Wie auch immer: Ich fokussierte mich auf meine berufliche Laufbahn und wollte unbedingt reüssieren, wozu in späteren Jahren auch unzählige Weiterbildungen gehörten. Bereits in jungen Jahren trieb mich eine Mischung aus Ehrgeiz und Trotz – denen zeige ich es! – weiter. Gleichzeitig handelte es sich auch um eine Überlebensstrategie. Wenn ich als Kind arbeitete, musste ich nicht hungern und konnte mir vielleicht sogar eine Schachtel Kekse leisten. Materielle Faktoren standen also ebenfalls im Vordergrund meiner Motivation.

Heute weiss ich, dass mir im Leben viel gelungen ist und ich meine beruflichen Ziele und hohen moralischen Ansprüche erfüllen konnte – jedoch zum Preis, dass mir meine Emotionen fremd blieben. Über Emotionen drückt man viel aus. Wut, Zorn, Freude, Glück. All diese Gefühle arbeiteten versteckt in mir, doch gespürt habe ich nichts. In meiner Kindheit spielte es keine Rolle, welche Art von Gefühlen ich empfand und äusserte. Die Konsequenzen waren immer negativ. Auch in späteren Jahren erlaubte ich diesen Emotionen nicht, zum Ausdruck zu kommen. Das Unterbewusstsein vergisst allerdings nichts. Die Emotionen kumulieren sich und verschaffen sich eines Tages unter Umständen mit einem fulminanten Zusammenbruch Aufmerksamkeit. In den folgenden Jahren war ich damit beschäftigt, das Schlimme aus meiner Kindheit zu verdrängen. Immerhin löste ich mich auch komplett von Mutter und war bald nicht mehr im Dunstkreis von Machtmissbrauch und Abhängigkeit gefangen. Dieser Prozess nahm bereits in der Lehre seinen Anfang, und nachdem ich ein Jahr lang als Jungkoch gearbeitet und Geld verdient hatte, durfte ich endlich an die Aushebung. Ich wollte nach dem Militär die Polizeischule absolvieren und strebte darum eine Zuteilung als Grenadier an. Die Tests brachte ich mit Bestnoten hinter mich, doch dann geschah ein dummer Fehler, als ich auf der Waage stand. Ich war sportlich und drahtig, doch der zuständige Aushebungsoffizier schrieb zehn Kilogramm zu viel in die Papiere. Dieser Fehler liess sich nicht mehr berichtigen, was zur Folge hatte, dass ich nur in die zweitbeste Gruppe eingeteilt wurde. Als Füsilier hätte ich im Nebenamt Küchengehilfe sein können – ich wollte aber auf dem Feld tätig sein und entwickelte mich zu einem richtigen Haudegen. Die Bereiche Sprengstoff und Häuserkampf begeisterten mich. Mutig, draufgängerisch und topfit, wie ich war, integrierte ich mich auch aus anderen Gründen gut. Gewohnt, keine Widerrede zu leisten, hatte ich in der Kindheit verinnerlicht, mir sinnlos erscheinenden Befehlen Folge zu leisten. Bereits während der Lehre waren der geregelte Ablauf und viele Regeln jedoch auch notwendig, weil alles andere zu einem unvorstellbaren Chaos geführt hätte. Ich lernte zwischen sinnvollen und sinnlosen Regeln und Forderungen zu unterscheiden, und in diesem Sinn liess ich mir im militärischen Umfeld auch Aktionen einfallen, die mir das Leben erleichterten. So hatte ich immer zwei Taschenmesser dabei; eines benutzte ich nie und hielt dem Vorgesetzten jeweils das blitzblanke Stück unter die Nase. Sinn machte für mich, dass die Reinigung der Waffen nach genauen Abläufen zu erfolgen hatte. War der Vorgesetzte allerdings schlecht gelaunt, hiess es nach der Laufkontrolle ohnehin nachputzen, worauf ich mich jeweils dienstbeflissen zeigte, zehn Minuten nichts tat und das gleiche Gewehr nochmals präsentierte. Danach wurde es immer für sauber befunden.

Nach rund sieben Wochen suchten sie einen Koch, da mein oberschlauer Vorgänger im Wäschesack eine Handgranate nach Hause geschickt hatte und aus diesem Grund ins Militärgefängnis Zugerberg wechseln musste. Ich meldete mich und wurde in die Küche abkommandiert, was rückblickend zu einer Reihe glücklicher Zufälle führte, die meine Karriere beim Militär beflügelten. In der Küche musste ich sofort das Kommando übernehmen. Um die Kompanie – rund 150 Männer – zu versorgen, wurde mit riesigen Druckkesseln gekocht. Nachdem ein Ventil nicht richtig verschlossen worden war, kam es zu einer regelrechten Explosion, bei der ich mir die Füsse verbrühte. Fortan stand ich in Uniform und Turnschuhen vor den Töpfen und bewährt mich, denn nach Ende der RS wollten meine Vorgesetzten, dass ich weitermache, Unteroffizier werde und gleichzeitig die militärische Küchenchef-Schule absolviere. Ich wurde vereidigt und verdiente anschliessend in Thun ab. Dort mussten rund 450 Mann versorgt werden. Die riesigen Kohle-Kochherde waren schlecht regulierbar und umständlich zu bedienen. Bald bemerkte ich auch organisatorische Fehlleistung und machte diesen ein Ende. Zudem: Meine Männer hatten zu wenig zu essen, weil sich die Soldaten der übrigen Kompanien bei uns die Bäuche vollschlugen. Ich fand auch heraus, dass der zweite Küchenchef das Gemüse ungewaschen verarbeitete, was zur Folge hatte, dass sich am Grund von Suppen und Eintöpfen Dreck und auch Würmer absetzten, die sich die Soldaten in die Teller schöpften. Der Mann wurde degradiert und bald war ich für die kulinarische Versorgung aller vier Kompanien zuständig. Meine Zusage knüpfte ich an eine einzige Bedingung: Ich wollte ein Offizierszimmer, weil ich jeden Morgen um 4 Uhr aufstehen musste, um den Herd einzuheizen. Von nun an verbrachte ich die Zimmerstunden allein. Eine Wohltat. Ich rauchte und trank immer noch nicht. Wenn die anderen sich im Ausgang vergnügten, zog ich den Besuch eines Restaurants vor, um mir ein Cordon bleu zu gönnen, wobei mich ein guter Kollege, den ich aus der Schulzeit kannte, begleitete. Das private Funktionieren in grossen Verbünden, das gesellige Miteinander blieb mir gewissermassen ein Buch mit sieben Siegeln. Früher war ich der Beobachter am Rand gewesen. Jetzt war ich noch immer ein Einzelgänger. Jedoch einer, der sagt, wo's langgeht! Im Militär wurden meine Führungsqualitäten entdeckt. Bald organisierte ich einen Betrieb, der 450 Mahlzeiten auf einen Schlag zu produzieren hatte. Unzählige Gehilfen standen mir zur Seite. Ich kochte nicht selbst, sondern war für die Organisation, die Abläufe und den Einkauf von gigantischen Mengen an Lebensmitteln zuständig. Am Besuchstag musste ein Menü für zweieinhalbtausend Personen auf den Tisch gebracht werden, dabei handelte er sich auch um eine logistische Herkulesaufgabe. Tausend Hühner waren nicht genug. Man rechnete in Tonnen und musste sich exakt an die Kosten und Zeitpläne halten, doch ich schaffte auch das. Die nächste Herausforderung liess dann nicht lange auf sich warten. Als wir uns einmal in der Verlegung in Gstaad aufhielten, standen wir während der Fahnenübergabe in der Nähe der Saane, als plötzlich Dutzende von Brotlaiben den Fluss hinuntertrieben. Genau im Sichtfeld des Brigadiers! Vom dortigen Küchenchef wusste ich, dass dieser jeweils zu viel Brot einkauft. Anstatt den Fehler einzugestehen, löste er das Problem auf diese Art und Weise, hatte die Rechnung aber ohne den Wirt gemacht. Er nahm wohl an, das Brot sinke im Wasser, die steinharte Kruste der flachen, runden Laibe liess diese jedoch auf dem Fluss treiben, und so flog die Sache auf. Der Mann kam sofort in die «Kiste» und ich durfte in der Verlegung auch noch seinen Job übernehmen. Rückblickend wurde ich im Militär immer in Notsituationen gerufen. Ich nahm die Herausforderungen an, ging Risiken ein und die damit verbundenen Erfolge trugen zu meinem Selbstbewusstsein bei. Ich verdiente zehn Monate lang ab, stand alles durch, wurde als Korporal-Küchenchef brevetiert und erhielt den Fourier-Vorschlag.

Als es darum ging, ob ich Berufsoffizier werden will, war ich hin- und hergerissen. Militär oder Polizei? Schliesslich meldete ich mich ebenfalls für die Aufnahmeprüfung bei der Polizeischule der Kantonspolizei Zürich an. Diese galt als beste Polizeischule überhaupt. Am Schluss der Prüfungen stand die mündliche Befragung vor zwanzig Polizeioffizieren auf dem Programm. Sie wollten wissen, ob ich Zeitungen lese. Ich bejahte. Zu diesem Zeitpunkt sorgte die bemannte Raumschiffskapsel Apollo 7, die auf die Erde zurückkehrte, für Gesprächsstoff. Ich musste erklären, welche Phase bei diesem Vorgang besonders heikel sei. Ich trat an die Wandtafel, nahm die Kreide, zeichnete Erde und Mond ein und benannte jenen Aufprallwinkel, der das Eintauchen in die Erdatmosphäre ermöglicht und somit verhindert, dass die Raumkapsel «abprallt» und ins Weltall zurückgeschossen wird. Die Offiziere zeigten sich beeindruckt und sprachen nur einen Satz: «Wir begrüssen Sie an unserer Polizeischule!» Nachdem ich die jeweiligen Verdienstmöglichkeiten abgeklärt hatte, entschied ich mich schliesslich gegen das Militär und dafür, meinen seit frühester Kindheit gehegten Berufswunsch umzusetzen.

Eine Pflegefachfrau, die eine Arbeit zur Psychotraumatologie verfasste und der ich Jahre später Rede und Antwort stand, schrieb, es scheine, dass ich aufgrund meiner Kindheit ein Berufsleben gewählt habe, das mich immer wieder mit bedrohlichen Situationen konfrontierte. Damit bin ich nicht einverstanden. Bereits als junger Knabe wollte ich Koch und danach Polizist werden. Dieser Traum vermittelte mir den Mut und die Kraft, um meine Kindheit zu überstehen. Ich wollte anderen angedeihen lassen, was mir als Kind verwehrt geblieben war: Schutz, Fürsorge und Gerechtigkeit. Welche Konsequenzen dieses Bedürfnis innerhalb der Berufswahl zur Folge haben würde, konnte ich auf keiner Ebene erahnen, weil es mir an Erfahrung mangelte und entsprechende Informationen vor dem Eintritt in die Polizeischule kein Thema waren. Während der einjährigen Ausbildung in Zürich waren die Polizeirekruten in einem Appartement-Haus kaserniert. Rund fünfzig Männer lebten unter einem Dach. Ich wollte unbedingt ein Einzelzimmer und gab vor, ein sehr lauter Schnarcher zu sein. Draussen tobte das Leben: die wilden 1968er-Jahre. Freie Liebe. Gleichberechtigung. Anti-Krieg und Anti-Militär. Doch wir lebten in einem eigenen Kosmos. Die Ausbildung war extrem anstrengend, körperlich und schulisch wurde uns alles abverlangt. Mit dem obersten Gebot, den Rechtsstaat und seine Bürger zu schützen und für Gerechtigkeit zu sorgen, konnte ich mich perfekt identifizieren. Moral und Ethik waren wichtige Schulfächer. Die Verhältnismässigkeit von polizeilichen Aktionen wurden im Rahmen des Strafrechts diskutiert, wobei schnell klar wurde, dass manche Kollegen tatsächlich Nachholbedarf hatten. Als der damalige Kripo-Chef fragte, was zu tun sei, wenn man einen Velofahrer kontrollieren will und dieser davonfahre, antwortete mein Sitznachbar tatsächlich: «Ich ziehe die Pistole und schiesse ihm nach.» Viel Sport und viel Theorie bestimmten den anstrengenden Tagesablauf einer Schule, der nachgesagt wurde, dass sie in zwölf Monaten den Stoff einer dreijährigen Verwaltungsschule durchpaukt. Mit dem Zivilrecht, dem Schuld- und Konkursrecht und dem Strafrecht setzten wir uns vertieft auseinander und die Strafprozessordnung erwies sich als besonders wichtig. Dieses Gesetz regelt die Verfolgung und Beurteilung der Straftaten nach Bundesrecht. Als wichtiger Punkt gilt: Der Gegner soll nicht nur belastet werden, man hat auch entlastenden Hinweisen auf die Spur zu gehen. Der nachmalige Kommandant, ein launischer, aber guter Mann, vermittelte uns dabei einen Grundsatz, der mich beeindruckte, sich in späteren Berufsjahren allerdings nicht als komplett verbindlich herausstellen sollte: «Das Gesetz ist für alle Menschen gleich: Egal ob reich oder arm, stark oder schwach.» Die anstrengende, aber in geregelten Bahnen verlaufende Ausbildung wurde nach einigen Monaten – am 21. Februar 1970 – jäh unterbrochen. Ich besuchte an diesem Tag meine Mutter in Siggenthal, was sonst fast nie geschah. Sie nahm meinen positiven Werdegang ohne Kommentar zur Kenntnis. Ich wusste allerdings, dass sie bei den Nachbarn mit einem Sohn bluffte, der gut geriet, und vermutlich liess sie durchblicken, dass dies allein ihr Verdienst sei. An diesem Tag fuhren plötzlich unzählige Autos mit Blaulicht in dieselbe Richtung. Etwas sehr Schlimmes musste sich ereignet haben, das war sofort klar. Ich erfuhr – genau wie hunderte von anderen, die in der Folge an den Unfallplatz strömten und zum Teil sogar Plünderungen vornahmen – im Radio vom Flugzeugabsturz in Würenlingen. In der Kaserne erhielten wir mehr Informationen: Die Maschine befand sich von Zürich aus auf dem Weg nach Tel Aviv. Nach dem Steigflug ereignete sich eine Explosion im Frachtraum, worauf Feuer ausbrach, die Systeme ausfielen, die Maschine abstürzte und schliesslich in einem gigantischen Feuerball explodierte. Tausende von Leichenteilen, zum Teil fast mikroskopisch klein, wurden über eine riesige Waldfläche verstreut. Als

Polizeirekruten des Kantons Zürich wurden meine Kollegen und ich aufgeboten, bei der sogenannten Trümmersuche zu helfen. Komplett unvorbereitet trafen wir auf ein schreckliches Szenario. Jeder bekam eine Schaufel und eine Mistgabel in die Hand gedrückt. In den folgenden Tagen mussten wir Leichenteile bergen, die teilweise in den Bäumen hingen. 47 Menschen. Es blieb nicht viel von ihnen übrig und die bereitstehenden Särge mussten zusätzlich mit Erde gefüllt werden. Persönliche Dinge, eine Haarbürste oder ein Ehering, führten uns die furchtbare Tatsache vor Augen, dass es sich bei den geborgenen Überresten um Menschen handelte. Kein Unfall, kein menschliches Versagen hatte zu dieser Katastrophe geführt, sondern der Fanatismus und die Bösartigkeit von Attentätern, die nie zur Rechenschaft gezogen werden konnten. Die Bilder während der Trümmersuche bleiben unvergessen. Später stellte ich mir vor, was der Pilot, die Crew und die Passagiere in den letzten Sekunden ihres Lebens, als sie realisierten, dass die Maschine abstürzen wird, durchgemacht haben müssen, spürte ihre Verzweiflung und ihre Todesangst. Ohne den furchtbaren Einsatz zu besprechen, kehrten wir in unseren Schulalltag zurück und schwiegen tot, was man als traumatische Erfahrung bezeichnen kann. In der Polizeischule gab es keinerlei Vorbereitung auf solche Situationen und natürlich stand damals auch kein psychologischer Dienst zur Verfügung, der allfällige Schädigungen und Traumata thematisiert hätte. Wir funktionierten einfach weiter. Sahen uns als harte Kerle. So etwas gehört einfach zum Beruf. Wer jammert, ist ein Weichei. Und wie immer in schwierigen Situationen richtete ich mein Augenmerk auf ein Ziel. Ich wollte unbedingt vereidigt werden.

Die Prüfungen bestand ich mit guten Noten und mit 20 Jahren war ich der jüngste voll ausgebildete Kantonspolizist, den es bis dahin je gegeben hatte. Die war möglich geworden, weil ich bereits als 18-Jähriger die RS absolviert hatte. Meine Mutter wollte mir daraufhin einen Ring schenken. Wir wurden bei einem Juwelier vorstellig. Ich entschloss mich für ein auffälliges Stück mit einem dunkelgrünen afrikanischen Turmalin, das das Budget bei Weitem sprengte und trug den Ring nicht. Erst Jahrzehnte später liess ich das eingravierte Datum – 13. September 1970 – ausschleifen, aber erst seit zwei Jahren trage ich das Schmuckstück, auch als Zeichen der Versöhnung.

Als Polizeibeamter verfügte ich nun über eine gewisse Macht. Egal, was der andere dachte, sagte und ob er meine Meinung für richtig hielt: Mein Wort hatte Gewicht. Ich musste gehört werden und konnte Respekt einfordern. Von falschen Machtdemonstrationen hielt ich indes nichts. Was den guten Polizisten ausmacht, war für mich klar: dass er Augenmass hält, sich selbst beherrschen kann, über einen gesunden Menschenverstand verfügt, charakterstark und fähig ist, die Grenzen nicht zu übertreten. Bereits in jungen Jahren hegte ich hohe Ansprüche an den Beruf und an mich. In diesem Zusammenhang erinnere ich mich an ein Erlebnis. Kurz nach der Vereidigung besuchte ich Mutter erneut. Mein Stiefvater äusserte sich dumm und vor allem rassistisch im Sinn von «alle Ausländer raus!», worauf ich Gegensteuer gab und ihn wissen liess, dass ich niemals an der Rückschaffung eines Menschen teilnehmen werde, den in seinem Heimatland Folter oder der Tod erwarten, ich meinen Job eher quittieren würde, als meine moralischen Grundsätze zu vergessen. Wider mein Gewissen konnte und wollte ich auch im Polizeidienst niemals handeln. Daran hielt ich in den folgenden Jahren fest.

Vorerst stand ich noch ganz am Anfang meiner Laufbahn. Normal war, dass junger Polizisten zuerst in den Bereitschaftsdienst gelangen, um dort vieles von der Pike auf zu lernen: Gefangene während Zugfahrten zu begleiten, Kontrolleinsätze im Sicherheitsbereich und viel Präsenzzeit in der Kaserne gehörten dazu. Ich wollte mich weiterbilden und liess den zuständigen Kommandanten wissen, dass ich die Abendhandelsschule absolvieren möchte, worauf er mich in der Sachfahndung einteilte. Dort wurden sämtliche Diebstähle erfasst. Ich spezialisierte mich auf den Themenbereich Schmuck. Einerseits mussten Rapporte kontrolliert, andererseits für die Versicherungen exakte und fachmännische Beschreibungen der geraubten Juwelen und Uhren verfasst werden, damit wieder aufgetauchtes Diebesgut ihren Besitzer zugeordnet werden kann. Was ich damals noch nicht wusste: In der Sachfahndung landeten auch zu dieser Zeit noch unkündbare Polizeibeamte, die in anderen Abteilungen negativ auffielen, schlechte Leistungen erbrachten und unter persönlichen Eigenarten und Problemen litten. Kurz, unzählige Tunichtgute gehörten nun zu einem Arbeitsumfeld, das der Kommandant als «Straflager» und «geschützte Werkstatt» bezeichnete. Mein Vorgesetzter staunte nicht schlecht über meinen Arbeitseinsatz, worauf ich ihm ziemlich forsch einen Deal anbot: Ich erstellte bis zur Mittagszeit die vorgegebene Anzahl Rapporte und durfte die restlichen Stunden künftig für mein Studium nutzen. Er erhöhte die Anzahl Rapporte um 20 Prozent. Wenn ich das schaffe, könne ich mein Vorhaben in die Tat umsetzen, liess er mich wissen. So geschah es. Ab den frühen Nachmittagsstunden befasste ich mich fortan mit dem Studium, das ich erfolgreich abschloss. Ehrgeizig strebte ich vorwärts und nach Höherem, wurde zum Sekretär eines Untersuchungsrichters in der damaligen Bezirksstaatsanwaltschaft Zürich abkommandiert und mit den verschiedenen Einvernahmetechniken vertraut gemacht. Der Untersuchungsrichter war für Sittenverstösse zuständig. Meine Hauptaufgabe bestand darin, bei Razzien sichergestelltes illegales pornografisches Material zu sichten und die strafbaren Handlungen minutiös und schriftlich zu schildern. Es gibt nichts, was ich nicht gesehen habe. Mit Tieren. Mit Kindern. Es war grauenhaft. Nach 18 Monaten quittierte ich diesen für mich unerträglichen Job und übernahm – nachdem der Dienstchef der Bezirksanwaltschaft erkrankt war – als vollamtlicher Dienst-Stellvertreter für die Kantonspolizei Zürich die Führung. Fortan schmiss ich den Laden und trug die Verantwortung für fünfzig Polizeisoldaten.

Licht und Schatten

Direkt nach der Polizeischule bezog ich meine erste eigene Wohnung. Allein zu leben, war das Allerschönste für mich. Ich ass und trank so viel, wie und wann ich wollte, und pflegte jene Routinen, die mir entsprachen. Ich las bereits damals wahnsinnig viel, manchmal mehrere Bücher pro Woche. Die Ruhe. Die Freiheit. Ein paradiesischer Zustand! Es ging mir gut, auch psychisch, und an die schlimmen Jahre dachte ich nur noch selten. Ein schönes und ruhiges Zuhause trug zu meinem Wohlbefinden bei. Meine Ansprüche als Ästhet kamen dabei zum Tragen. Ich liess mir eine Wohnlandschaft nach eigenen Ideen anfertigen, damals der letzte Schrei. Neben teppichüberzogenen Elementen verfügte sie auch über eine Bar, Spiegel und indirekte Beleuchtungen. Im Kontrastton dazu stand das ebenfalls speziell hergestellte Sofa und verschiedene Sessel. Nachdem ich mich im Tram über einen mir in den Nacken hustenden Fahrgast aufgeregt hatte, beschloss ich zudem, mich künftig anders fortzubewegen, und kaufte am selben Abend einen orangefarbenen Mini 1000, mit dem ich künftig zur Arbeit fuhr. Solche Extravaganzen konnte ich mir leisten, weil ich ansonsten nicht verschwenderisch lebte. Vor allem aber trug ein tragischer Umstand dazu bei: Im Jahr 1969 eröffneten drei Männer und eine Frau in Kloten das Feuer auf eine Passagiermaschine der israelischen Fluggesellschaft El Al. Der Co-Pilot wurde am Unterleib getroffen und erlag einen Monat später seinen Verletzungen. Der israelische Air Marshal an Bord hingegen erwiderte das Feuer, zuerst aus dem Cockpit, danach gelangte er über die Notrutsche auf das Vorfeld und erschoss einen der vier – wie sich später herausstellte – palästinensischen Attentäter. Fortan galten am Flughafen Kloten verstärkte Sicherheitsmassnahmen, eine Aufgabe, die durch die Kantonspolizei Zürich wahrgenommen wurde. Bei den freiwilligen Sicherheitseinsätzen, die an den Wochenenden in Kloten stattfanden, verdiente ich gutes Geld, da die Eidgenossenschaft die Kosten übernahm. Als Sicherheitsbeamter – man nannte uns «Tiger» – reiste ich später auch bei vielen

Flügen mit, sass auf einem reservierten Sitz in der ersten Klasse, wusste, wo sich die Waffe im Flugzeug befand. Ich, der noch nicht einmal Rimini kannte, gelangte nach Pakistan, Somalia, Liberia und Südafrika. Wir durften jeweils einige Tage in den Ländern bleiben und erhielten vertiefte Einblicke in Land und Leute, da die Hostessen der Fluglinien interessante Programme organisierten. Die fremden Kulturen faszinierten mich, das Reisen als solches sagte mir zu. In späteren Jahren bereiste ich eigenständig alle Kontinente unseres Planeten ausser Australien und fühlte mich besonders in asiatischen Ländern sehr wohl.

Doch zurück zu den Anfängen. Zusammen mit meinem anständigen Lohn konnte ich mir aufgrund der Sicherheitseinsätze zum ersten Mal in meinem Leben einiges leisten. Dass es materiell stimmt, ich finanziell abgesichert bin, war, wie erwähnt, sehr wichtig für mich. Auf keinen Fall wollte ich derart darben, wie es meine Eltern tun mussten, denn dieser Umstand trug meiner Meinung nach ebenfalls dazu bei, dass zu Hause alles ausser Rand und Band geriet. Bei der allerersten Anschaffung, die ich mir nach Beendigung der Ausbildung leistete, handelte es sich um einen Massanzug. Ich suchte die schönsten Stoffe aus, bestimmte den Schnitt und die Details, genoss die Anproben, bei denen rätselhafte Markierungen angebracht wurden, als handle es sich um ein kompliziertes Strassennetz. Nach Wochen probierte ich die Kleidung vor einem grossen Spiegel an: perfekt! Schneeweisse Hemden, Seidenkrawatten und blank geputzte Schuhe komplettierten diesen Look. Später liess ich mir bei einem alten Trachtenschneider im Tösstal eine prachtvolle Zürcher Festtagstracht schneidern, die ich noch heute zu speziellen Anlässen trage. Aufgrund der Spezialeinsätze hingen bald sechs Massanzüge in meinem Kleiderschrank. Die anderen kamen wie die *Habaschen* zur Arbeit und machten jeweils grosse Augen, wenn ich in meiner tipptoppen Aufmachung auftauchte. Intern stiess mein Look auch nicht auf volles Verständnis. Bei der Polizei existierte damals ein Bewertungssystem, das nach genauen und relativ absurden Vorgaben funktionierte. Als man mich zum Gefreiten befördern wollte, vermerkte mein Vorgesetzter in der Mitarbeiterbeurteilung, ich sei «in der Regel gut gekleidet». Ich war empört und rebellierte beim Personalchef, den ich frech fragte, ob er eine Ahnung habe, was meine Kleidung koste. Der schüttelte nur ratlos den Kopf. Ich klärte ihn auf («einen Monatslohn!») und forderte ihn ultimativ auf, die Bewertung auf «sehr gut gekleidet» umzuformulieren, was er schliesslich tat. Gleichzeitig wurde das unsinnige Bewertungssystem gesprengt. Kurz: Ich war rundum zufrieden mit meiner Leistung.

Kleider machen Leute: Das gepflegte Äussere war mir nach meiner Kindheit, in der ich alte und zerschlissene Sachen tragen musste, wichtig. Zusammen mit meiner Arbeit als Polizeibeamter, der über ein sicheres und gutes Einkommen verfügt und dem ein solides Image vorauseilt, entwickelte ich die beinahe fixe Idee, aus diesen Gründen für die Frauenwelt interessant zu sein. Das Risiko, bald in einer Situation zu stecken, die ich auf gar keinen Fall wollte, schien mir hoch, denn natürlich hätte ich eine schwangere Frau niemals im Stich gelassen. Familie und Kinder kamen für mich mit absoluter Sicherheit nicht infrage. Die Erwachsenen in meinem Umfeld hatten mich als Kind allesamt schwer enttäuscht. Das Konzept einer Familie war für mich hauptsächlich mit negativen Erfahrungen belastet. Einerseits wollte ich nicht in eine schlechte Situation geraten, andererseits nicht das Schlechte meiner Familie fortsetzen. Die Angst, ein Kind könnte ein Bub werden, trieb mich damals ebenfalls um. Ich traute mir noch nicht zu hundert Prozent und gleichzeitig hätte ich es nicht verantworten können, mich so zu verhalten, wie es Mutter mir gegenüber getan hatte. So fasste ich einen radikalen Entschluss und liess mich in jungen Jahren unterbinden. Als Polizist musste man allerdings eine – und warum nicht gleich mehrere? – Freundin haben. Die Liebe war also relativ. Einmal besuchte ich die Fasnacht und lernte Esther* kennen, eine Serviertochter aus einem gehobenen Hotel. Wir schäkerten und tanzten zusammen und verabredeten uns für den nächsten Abend. Ich versprach meinen besten Kollegen, sie mitzubringen. Mit meinen schwarz gefärbten Haaren und dem aufgeklebten gezwirbelten Schnauz erkannte sie mich erst nach einigen Stunden. Ihre Freundin war ein absoluter Traum. Bildschön, liebenswürdig. Sie trat später als Braut meines besten Freundes vor den Altar, während Esther für mich eine weitere Affäre wurde, die bald endete. Vorstellungen von der Romantik hatte ich keine, wie eine Beziehung funktioniert, wusste ich nicht. Ich wollte keine feste Partnerschaft führen und schon gar keine Ehe eingehen.

Natürlich kommt es immer anders, als man denkt. Mit 22 Jahren lernte ich Ines* kennen. Ein Maler, der im Kripo-Haus eine Wand strich, liess mich eines Tages wissen, dass er im Jiu-Jitsu den zweifachen schwarzen Gürtel besitze. Ich fühlte mich herausgefordert, wusste um meine Schnelligkeit und die guten Reflexe, worauf wir einige Tage später im Judo-Keller der Kapo als Gegner aufeinandertrafen. Logisch brachte er mich nicht auf den Rücken und konnte auch keinen einzigen Griff anbringen. Später erzählte er mir von der Schwester seiner Frau, die frisch geschieden sei und einen Mann suche. Bei einem Heimatabend lernte ich sie kennen. Dabei stellte sich heraus, dass sie schon einen Freund hatte, jedoch auch eine Tochter, die an diesem Abend ebenfalls anwesend war. Ines* war erst sechzehn Jahre alt und bewunderte mich ein wenig. Wir lernten uns besser kennen und verliebten uns stürmisch ineinander. Sie war ein stilles, schönes und sanftmütiges Mädchen. Ich liebte sie sehr, übernahm fast sofort Verantwortung und erfüllte die Rolle des Beschützers. Endlich hatte ich jemanden, dem ich meine ganze Liebe und Fürsorge angedeihen lassen konnte! Sie war ebenfalls ein Missbrauchsopfer, berichtete mir von ihrem Martyrium mit dem Partner ihrer Mutter und wollte so schnell wie möglich von zu Hause weg. Meine Wut war riesig. Ich arbeitete damals seit kurzer Zeit in der Bezirksanwaltschaft. Als mein Chef in den Ferien weilte, lud ich den Täter kurzerhand vor. Ich war befugt, polizeiliche Einvernahmen durchzuführen, und klärte ihn über die wahrscheinlichen Folgen seines Tuns auf. Einige Tage später erlag er einem Herzinfarkt. Ich weiss nicht, ob dieser mit der in Aussicht gestellten Strafe zusammenhing – vermutlich nicht, aber auch wenn es so gewesen wäre, plagt mich deswegen kein schlechtes Gewissen. Ines und ich blieben zusammen und lebten bald unter einem Dach. Sie absolvierte eine Ausbildung, ich verfolgte meine Karriere bei der Polizei, las ihr jeden Wunsch von den Augen ab, beschützte und umsorgte sie, fand darin Erfüllung und Glück und gleichzeitig agierte ich als starker Part, erzählte ihr nichts von meiner eigenen schweren Kindheit.

Nach zweieinhalb Jahren heirateten wir am 1. April 1976. Sie war 19 Jahre alt, ich sechs Jahre älter. Die Bilder vom grossen Tag kleben in einem Album. Ines trägt ein feuerrotes Kleid, ich einen dunkelblauen Anzug. Verwandte und Freunde wurden zum köstlichen Essen an weiss gedeckten und blumengeschmückten Tafeln eingeladen. Auch Mutter. Eine ältere Dame mit gemustertem Kleid und harten Gesichtszügen, die an diesem Tag eine gewisse Genugtuung auszudrücken schienen: Seht her, mein Sohn! Was habe ich denn falsch gemacht? Wir Frischvermählten reisten nach Wien in die Flitterwochen, fuhren mit einem Fiaker, besuchten das Hotel Sacher, blickten von einem Aussichtspunkt auf die Donau und kehrten wenige Tage später in unser Leben als Ehepaar zurück.

Unbemerkt durch mich (und ohne, dass Ines etwas gesagt hätte), raubte ihr meine Liebe offenbar die Luft zum Atmen und den Freiraum, um Probleme selbst anzugehen, damit man sich als Mensch weiterentwickeln kann. Obwohl ich alles anders gemacht hatte als meine Eltern, fürsorglich, beschützend, lieb und respektvoll war, ihr alles Schlimme abnehmen wollte, war es nicht genug oder vielmehr das Falsche, denn sie war, obwohl eine Kindfrau, kein Kind mehr, sie hatte ein Recht darauf, sich selbst zu beweisen. Bei einem Sprachaufenthalt in Spanien verliebte sie sich in einen älteren Mann, der sie nicht nur beschützte, sondern auch eine Vaterfigur verkörperte und wusste, wie mit einer Kindfrau umzugehen ist. Ines sagte wortwörtlich, ich habe sie mit meiner Liebe erdrückt. Sie wollte so schnell wie möglich nach Spanien zurück. Ich erhielt keine Chance, mein Verhalten zu ändern. Die Scheidung war unausweichlich. Wir stritten nicht, wir schrien nicht. Alles ging blitzschnell. Die Ehe hatte nur zwei Jahr gedauert. Wir wurden am 29. März 1978 geschieden. Ich war am Boden zerstört. Doch bis zum heutigen Tag stehen wir miteinander in Kontakt, wissen, was im Leben des anderen geschieht. Erst kürzlich fiel mir das Doppel eines Briefes in die Hände, den ich Ines vier Jahre nach der Scheidung schrieb und der mir aus dem Herz und der Seele sprach:

Liebe Ines, ganz herzlichen Dank für Deinen Brief. Es freut mich, dass es Dir gut geht, und ich wünsche Dir für Deine Ehe und Dein Kind von Herzen alles Gute. Dass Du wieder geheiratet hast, spürte ich. Warum genau, weiss ich nicht; ich kann es nicht erklären, glaube aber, dass Du mich trotzdem verstehst. Als Du im Februar in der Schweiz warst, habe ich, wie Du richtig vermutet hast, tatsächlich nie ein Telefonat ausgerichtet bekommen. Dabei erwartete ich doch täglich Deinen Anruf. Es hat mich sehr traurig gemacht und irgendwie war ich richtig verzweifelt, dass dieser offenbar nicht stattfand. Ich möchte, was immer auch geschieht, den Kontakt mit Dir aufrechterhalten. Auch wenn es banal klingen mag, möchte ich auch, dass Du weisst, dass ich immer für Dich da sein werde, wenn Du mich brauchst. Denke bitte immer daran, dass Du in mir einen echten Freund hast, auf den Du Dich in jeder Situation zu hundert Prozent verlassen kannst. Du schreibst mir, dass ich kaum etwas über mein Privatleben erzähle. Das möchte ich hier gerne nachholen: Ich lebe noch immer allein und will daran vorläufig auch nichts ändern. Ich habe zwar eine Freundin, die ich gerne habe, aber ich liebe sie nicht und sie weiss das auch. Ich versuche beruflich weiterzukommen und nehme mich und mein Umfeld nicht mehr so tierisch ernst wie früher. Ich bin viel kontaktfreudiger geworden und bin auch nicht mehr so verschlossen. In meiner Freizeit treibe ich viel Sport: Tennis, Skifahren, Motorbootfahren und ebenfalls gehe ich oft auf die Jagd. Ja, Du hast richtig gelesen. Bitte sehe in mir jetzt nicht sofort einen Jäger, der aus Lust am Töten Tiere erschiesst. Was ich mache, ist viel mehr, dass ich die Natur erlebe. Diese Thematik möchte ich gerne einmal mündlich mit Dir besprechen. Nur so viel: Damit man auf die Jagd gehen darf, muss man im Kanton Zürich eine sehr strenge Prüfung absolvieren. Normalerweise benötigt man zwei bis drei Jahre Vorbereitungszeit (Abendschule und Praxis). Ich selbst schaffte die Prüfung nach nur einem halben Jahr, worauf ich sehr stolz bin. Im August 1981 meldeten sich 120 Bewerber zur Prüfung an. Im Mai 1982 bestanden achtzehn von ihnen mit Erfolg, nachdem sie im Verlauf des Winters drei Vorprüfungen geschafft hatten. Ich selbst erreichte beim Schiessen und in den fünf Theoriefächern jedes Mal die Maximalnote und legte die beste Prüfung im Kanton Zürich ab. Dafür habe ich jede Minute meiner Freizeit geopfert. Ich wollte mir einfach beweisen, dass ich etwas erreichen kann, wenn ich will. Ich bin jetzt weniger zu Hause. Anstatt in den Fernsehkasten zu starren, gehe ich in den Wald, beobachte die Tiere und die Natur und in der Zwischenzeit kann ich jeden Strauch und jeden Baum benennen, die es in unseren Wäldern gibt. Ich weiss nicht, liebe Ines, ob Dich mein Geschwafel überhaupt interessiert. Ich möchte damit lediglich vermitteln, dass ich nicht mehr der frühere «Stubenhocker» bin. Auch Ski zu fahren habe ich in der Zwischenzeit gelernt. Diesen Winter nehme ich wahrscheinlich an einem zweiwöchigen Tiefschnee-Kurs teil. Vielleicht ergibt es sich einmal, dass wir zusammen Ski fahren gehen, wer weiss? Ich habe noch einen grossen Wunsch: Bitte schicke mir doch eine neuere Fotografie von Dir zu. Und eine Frage habe ich auch noch: Hast Du noch Kontakt zu Deiner Mutter und zu Deinem Vater? Deine Mutter hat nicht einmal auf meine Neujahrskarte reagiert. Ich werde versuchen, Dich in den nächsten Tagen telefonisch zu erreichen, um ein wenig mit Dir zu plaudern. Fast hätte ich vergessen, Dir von Tasso liebe Grüsse auszurichten. Ihm geht es trotz seiner zehn Jahre gut, nur am Kopf ist er bald ganz grau. Liebe Ines, ich schreibe Dir einfach, wie die Worte und Gedanken aus meinem Herzen kommen und nicht, wie es im Duden steht. Ich glaube aber, dass diese Zeilen für Dich nicht weniger wert sein werden. In aufrichtiger Verbundenheit - Kurt

Auf dem Briefkopf platzierte ich ein Zitat eines griechischen Philosophen: «Es gibt kein Sein, nur ein Werden.» In Klammer vermerkte ich für Ines: «Leider haben wir das zu unserer Zeit nicht erkannt.»

Doch zurück in das Jahr 1978. Die Scheidung war ein Schock und auch eine riesige Niederlage. Eine Niederlage, die ich nicht einstecken musste, weil ich grob und rücksichtslos war. Die Niederlage beruhte vielmehr auf meiner Fürsorge und Liebe, die ich Ines entgegengebracht hatte. Eine harte Einsicht. Mein Vertrauen erhielt erneut einen Riss, mein Verhältnis zu Frauen nahm abermals Schaden, was dazu beitrug, dass ich viele Jahre lang in emotionaler Hinsicht allein blieb. Meine Gefühle über das Ende dieser Liebe konnte ich in Worten nicht ausdrücken und, wie in anderen schmerzhaften Phasen auch, tat sich ein dunkler Abgrund vor mir auf, ohne dass ich einen eigentlichen Bezug zu meinen Gefühlen entwickeln konnte. Wie immer lenkte ich mich ab, war beruflich eingespannt, verfolgte meine Ziele und erfreute mich bald an einem Lebewesen, das mir viel gab. Als es um einen Diensthund ging, wollte ich unbedingt einen Riesenschnauzer, was der Dienstchef schliesslich erlaubte. Der Züchter stammte aus Baden und erwiderte auf meine Frage, ob er mir einen Hund verkaufe, ich solle ihn ein paar Mal besuchen, wenn er die Hunde trainiere. Das tat ich und setzte mich danach in den Zwinger. Zwischen Wodan und mir war es Zuneigung auf den ersten Blick. Der Hund hatte mich ausgesucht. Wir wurden ein Herz und eine Seele. Später agierte ich als Wesensrichter für Riesenschnauzer. Hunde auszubilden funktioniert nur, wenn zwischen Hundeführer und Tier eine Symbiose existiert. Es handelt sich um einen subtilen und individuellen Prozess, bei dem die Persönlichkeit des Menschen mit der Persönlichkeit des Tieres zusammengeführt werden muss. Später durfte ich Wodan kaufen und bald war er alles für mich, mein Partner im Beruf und in der Freizeit. Viel später erkannte ich: Echte Beziehungen konnte ich lange Zeit nur zu Tieren aufbauen. Auch meine späteren Hunde gaben mir alles, vertrauten mir blind und ich ihnen. Sie trösteten mich in schweren Stunden, nahmen alles wahr, liessen mich nie im Stich. Nach der Trennung von Ines trat ich auch einem privaten Hundeklub bei, trainierte drei bis vier Mal pro Woche mit Wodan, einem sogenannten Einmann-Hund, der auf einen einzigen Menschen fixiert ist und von niemandem sonst Befehle entgegennimmt. Mit ihm verlief die Kommunikation einwandfrei, kein lautes Wort war notwendig. Wenn ich später unangenehme Zeitgenossen vernehmen musste und diese sich unflätig verhielten, machte ich eine unsichtbare Geste mit der Hand, worauf sich Wodan knurrend bemerkbar machte. Meist benahm sich mein Gegenüber danach tadellos.

Gefreiter, Korporal, Wachtmeister: Als es darum ging, auf einem Polizeiposten zu arbeiten und mir derjenige der Zürichsee-Gemeinde Erlenbach vorgeschlagen wurde, bewarb ich mich sofort und erhielt die Stelle. Schwamendingen und Schlieren hatten schon damals ein schlechtes Image. An der Goldküste, so dachte ich, gibt es keine Vaganten, die Leute wissen sich zu benehmen, und am Ufer schwamm ein Stehruderboot der Polizei, das dienstlich und privat genutzt werden durfte. Ich wollte weg aus dem ehemaligen ehelichen Domizil, bezog eine kleine Wohnung im Ort und startete mein Leben als Detektiv-Wachtmeister mit speziellen Aufgaben. Die Uniform trug ich ungern und nur selten. Zum Dienst durfte ich in Zivil gekleidet erscheinen; meine stets elegante Kleidung fiel in diesem Umfeld nun weniger auf. Der Alltag auf dem Polizeiposten Erlenbach nahm fast sofort an Fahrt auf. Nach wenigen Wochen kletterte in Herrliberg eine lebensmüde Frau bei den Bahngeleisen über eine Brücke, berührte die Hochspannungsleitung absichtlich, starb sofort und stürzte über das Geländer auf die Gleise. Stunden später ging es darum, den Angehörigen die schreckliche Nachricht vom Tod der Frau zu überbringen. Ich nutzte die Gelegenheit, um zu erfahren, wie mein älterer Dienstkollege in einer solchen Situation vorging und begleitete ihn. Er klingelte, Parterre rechts, fragte, ob man hereinkommen dürfe, und liess die Tochter wissen, er habe eine Nachricht zu überbringen: «Ihre Mutter ist tot.» Der Blick der Tochter zeigte Erstaunen. Ihre Antwort lautete: «Das ist nichts Neues, sondern bereits seit zehn Jahren so.» Das Unvorstellbare war geschehen: Der Kollege hatte sich in der Wohnung geirrt! Als Glück im Unglück konnte man allenfalls den Umstand bezeichnen, dass diese Mutter bereits verstorben war, sonst hätte die Tochter den vergeblichen Schock ihres Lebens gehabt. Immerhin wusste ich seit dieser Episode, wie man es nicht macht. Musste ich künftig Todesnachrichten überbringen, kontrollierte ich die Türschilder immer doppelt und dreifach, und ebenfalls versuchte ich, die schlimme Nachricht in ein kurzes Gespräch zu verpacken, wählte meine Worte genau und sorgte dafür, dass die Menschen in einer solchen Situation nicht allein blieben.

Die Tätigkeit war vielseitig und interessant. Ich war für alle bei einer kantonalen Polizeistelle anfallenden Geschäfte zuständig und agierte auch als Sachbearbeiter für grössere Ermittlungsverfahren. Die Vorteile einer kleinen Gemeinde wurden schnell offensichtlich. Die Menschen kannten sich und bald kannten sie auch mich. Viele Konflikte konnten in ihren Anfängen gelöst werden, weil persönliche Beziehungen bestanden. Sah man den Bauer auf dem Feld heuen und wusste, dass in den nächsten zehn Minuten ein heftiges Gewitter niedergehen würde, griff man selbstverständlich zur Heugabel, half mit und erfuhr gleichzeitig das eine oder andere aus dem Dorf. Ich war viel unterwegs, pflegte die Kontakte und kannte die Stimmungslage und Probleme einzelner Familien. Das war wichtig für das friedliche Miteinander. In meiner Rolle sorgte ich auch für Gerechtigkeit, dokumentierte zuhanden des Richters Verstösse gegen das Gesetz und arbeitete in vielen anderen Bereichen mit den zuständigen Spezialisten zusammen. Ich urteilte nicht, beschönigte nicht, übertrieb nicht. Es ging um Objektivität. Das war meiner Meinung nach die Grundlage für die Gerechtigkeit. Innerhalb meiner Tätigkeit hatte ich es mit Opfern und Tätern zu tun und auch mit Fällen von häuslicher Gewalt. Die gesetzlichen Grundlagen waren damals anders als heute. Die entsprechenden Anzeigen konnten von den Opfern zurückgezogen werden, da es sich noch nicht um ein Offizialdelikt handelte. Natürlich wurde mir auch bald bewusst, wie manche Probleme mit Geld geregelt werden. In der gehobenen Gemeinde wurden Kinder nicht unbedingt vernachlässigt oder misshandelt – man schob sie eher in ein Internat ab. Und wenn sich ein minderjähriges Au-pair-Mädchen gegen die Übergriffe des Hausherrn wehrte, wurde es auch schon ausgewechselt und die Frau in den Karibik-Urlaub geschickt. Mit zunehmender Erfahrung fragte ich mich öfter, was Gerechtigkeit ist, und erlebte, dass zwischen recht haben und Recht erhalten ein Unterschied bestand – oder um es mit einem geläufigen Polizistenspruch zu sagen: «Vor dem Gesetz sind alle gleich; ausser man hat Geld.» Nicht als Polizeibeamter, sondern als Mensch verfolgte ich, was im Bereich der Kindergewalt geschah. Die Taten der Mörder und Kinderschänder Osterwalder und Ferrari erschütterten die Schweiz ebenso wie manche Fälle aus dem nahen Ausland – Kinder, die in grossen Siedlungen lebten, sich aber schutzlos in der Gewalt ihrer Eltern befanden, die sie zu Tode prügelten oder verhungern liessen. Jahre später weckte ein Zeitungsartikel mein Interesse: Eine Mutter hatte ihr Kind mit einem siedend heissen Bügeleisen misshandelt und massiv verletzt. Dafür musste sie sich vor Gericht verantworten. Sie wurde zu einer bedingten Freiheitsstrafe von zwei Jahren verurteilt. Dieses Urteil nahm ich mit Genugtuung auf und war trotzdem beunruhigt, befand sich der kleine Junge doch weiterhin in der Obhut der Mutter. Trotzdem: Meine eigene Kindheit rückte in diesen Jahren weiter in den Hintergrund. Die Frage, warum mir das alles widerfahren ist, stellte ich mir nicht. Bereits in der Kindheit fand ich zur Einstellung, dass Gutes mit Gutem und Schlechtes mit Schlechtem vergolten wird. Irgendwann hat man plötzlich Glück, kleine Dinge mit grosser Wirkung, das gab es auch in meinem Leben. Die guten Zufälle waren für mich nie selbstverständlich. Ich empfand Dankbarkeit, wenn mir Positives widerfuhr. Das war in diesen Jahren der Fall. Durch mein Umfeld erhielt ich Anerkennung, war nun ein respektiertes Mitglied der Gesellschaft, hatte mir viel erkämpft. Der Beruf und die Hunde erfüllten mich ebenso wie meine neue Passion: die Jagd! Ich startete als Treiber, der die Rehe auf die Läufe bringt. Beim ersten Treffen mit den Mitgliedern der Jagdgesellschaft schoss einer ein Tier und wies mich knapp an, dieses zum Sammelplatz zu transportieren. Offensichtlich fühlte der sich besser als ein einfacher Treiber, doch ich antwortete frech: «Und wie heisst das Zauberwort?» Seine Antwort lautete: «Bitte.» Der Mann, Oberst Bamberger*, schilderte die Episode am Abend vor versammelter Runde, die mit betretenem Schweigen reagierte, worauf er mit den Worten schloss: «Recht hat der andere gehabt.» Wir wurden gute Freunde und bald figurierte ich innerhalb der Pächterjagd als sein persönlicher Adjutant und Hundebegleiter. Am Abend wurde man in die Gasthöfe eingeladen, gesellige und gute Anlässe, bei denen ich mich willkommen fühlte. Nach der Jagdprüfung absolvierte ich zusätzlich die Jagdaufseherprüfung. Natürlich tötet man Tiere. Bei der Erklärung, der Jäger reguliere damit vor allem die Population und sorge dafür, dass den übrigen Tieren genügend Nahrung zur Verfügung stehe, handelt es sich meiner Meinung nach eher um eine Ausrede. Der Jäger als Ersatz für natürliche Feinde wie Wölfe oder Bären? Ich weiss nicht recht. Sicher ist, dass manche Jäger unbedingt Beute machen wollen. Sie sollten das Bedürfnis zu schiessen eher auf einem Schiessstand befriedigen. Um Gefühle und charakterliche Eigenheiten zu regulieren, existieren innerhalb der Jagd zum Glück sehr genaue Vorgaben, die es unter allen Umständen einzuhalten gilt. Niemals dürfen schwimmende Tiere oder Rehe im Lager geschossen werden, das würde dem weidmännischen Verhalten widersprechen, das auf einem umfangreichen Ehrenkodex basiert. Ein Jäger sollte viel Gefühl für die Natur, die Tiere und die

Umwelt haben. Wer Respekt empfindet, wenn er ein Reh erlegt hat, es vielleicht noch streichelt und ihm ein Zweiglein als letzter Bissen in den Äser steckt, muss nicht unbedingt Beute machen. Und: Wer auf der Jagd nicht ehrlich ist, ist es auch im übrigen Leben nicht. Fehlschüsse müssen gemeldet werden. Als weiteres eisernes Prinzip gilt: Das Tier muss schmerzfrei erlegt werden. Man muss nach dem ersten Tier sehen und abklären, ob es nicht leidet. Verletzte Tiere müssen erlöst werden.

Alles andere ist nicht ethisch. Einmal sagte einer, er habe das Reh getroffen. Wenig später fiel ein zweiter Schuss und ein totes Reh lag da. Einem anderen waren die Worte seines Kollegen nicht geheuer, er lief in den Wald, entdeckte ein zweites totes Reh und enttarnte so eine Lüge. Unter Jägern ist das ein absoluter Vertrauensbruch. Bei der Jagd handelt es sich um eine Tätigkeit, bei der ein hohes Verantwortungsgefühl zum Tragen kommen muss. Man lernt sich selbst recht gut kennen. Für mich ist und bleibt das Schiessen schlussendlich ein aggressiver Akt. In diesem Bewusstsein horchte ich in mich hinein und beschloss vor und manchmal auch während der Jagd, kein Tier zu schiessen. Ich blieb trotzdem im Wald und empfand grosse Freude, wenn ich ein Reh mit seinem herumspringenden Kitz beobachten durfte. In der Zwischenzeit halte ich mich zurück, mache vom Gewehr nur noch selten Gebrauch.

Schicksalswege

Nach vier ruhigeren Jahren präsentierten sich die ersten Märztage im Jahr 1979 mild. Nach einem langen Winter kündigte sich ganz sachte der Frühling an. In den Gärten sprossen bereits Krokusse. Nichts wies auf ein Drama hin, nichts deutete auf einen Schicksalsschlag, der andere und mich für immer prägen sollte. Am Morgen stand ich auf, frühstückte, trank Kaffee, verbrachte einen normalen Tag auf dem Posten in Erlenbach und befand mich mit meinem Hund auf einem abendlichen Spaziergang, als mich über Funk ein Aufruf erreichte: Ein 53-jähriger Geschäftsmann aus Hombrechtikon, Ernst Gerber, war am Nachmittag mit seinem Schwiegersohn in einen heftigen Streit geraten. Der Jüngere drohte den Familienbetrieb zu verlassen, was den Senior derart in Rage versetzte, dass er mit seinem Karabiner auf den 31-Jährigen schoss. Der Verletzte flüchtete mit einem Knie-Durchschuss in ein Nachbarhaus, während sein bewaffneter Schwiegervater die Flucht antrat. Im Lauf der Fahndungsaktion fanden die Beamten den Wagen des Flüchtigen, sowie den an einen Baum gelehnten Karabiner – vom Täter fehlte jedoch jede Spur. Da die Beamten davon ausgingen, dass dieser mit einer zweiten Waffe unterwegs war, mussten das Krankenhaus, in dem der Schwiegersohn behandelt wurde, und sein Wohnort bewacht werden. Die Informationen, dass der Täter möglicherweise weiterhin bewaffnet war, wurden meinem Kollegen und mir durch den Bezirkschef indes nicht weitergeleitet. Heute weiss ich, dass es sich bei diesem Versäumnis um einen fatalen Fehler gehandelt hat, der meiner Meinung nach zum Tod von zwei Menschen führte. Ich hatte Pikettdienst und wurde aus diesem Grund zum Wohnort des Täters kommandiert. Heute würde man in einem solchen Fall eine halbe Armee aufbieten, doch wir waren nur zu zweit. Meine Aufgabe lautete, Detektiv-Wachtmeister Peter Spitzer zum Einsatz zu begleiten, der mit seinem Diensthund Sarro vor Ort die Überwachung von Gerbers Haus übernehmen sollte. Peter kannte ich von der Ausbildung meiner eigenen Hunde, er war ein geschätzter Kollege.

Das Haus der Gerbers lag nur wenige Schritte vom Polizeiposten Hombrechtikon entfernt. Wir fanden die verängstigte Ehefrau vor und rieten ihr, im Haus der Nachbarn Schutz zu suchen, was sie tat. Wir befanden uns allein im Haus und wussten, dass Täter gerne an den Ort des Geschehens zurückkehren. Allerdings ereignete sich ein fataler und unglaublicher Zufall. Das Telefon klingelte. Frau Gerber war am Apparat. Sie habe ihr Nachthemd vergessen, ob sie es holen könne. Wir bejahten und löschten vorsichtshalber alle Lichter im Haus. Als es wenige Minuten später an der Haustür klingelte, nahmen wir an, es handle sich um Frau Gerber, ansonsten wären wir durch die hintere Tür verschwunden und hätten von dort aus agiert. Vorsichtshalber gingen wir trotzdem in Position. Da wir von Innen nicht erkannten, wer vor der Tür steht, öffnete Peter – im festen Glauben, Frau Gerber habe geklingelt, um ihr Nachthemd abzuholen – die Tür und hielt gleichzeitig den vorwärtsdrängenden Sarro zurück. Im Halbdunkel stand Ernst Gerber vor uns. Auf die Frage meines Kollegen, wer er sei, reagierte der mit der Gegenfrage «und wer bist du?», und eröffnete gleichzeitig das Feuer. Peter taumelte rückwärts, suchte Deckung. Die Faustfeuerwaffe des Täters war nun auf mich gerichtet, worauf ich mehrere Schüsse aus meiner Dienstwaffe abgab. Der Angreifer ging zu Boden. Ich folgte Peters Anweisung, Sarro, der seinen Herrn schützen wollte, im Auto unterzubringen und kümmerte mich danach um meinen schwer verletzten Kollegen. Das Projektil der Waffe traf ihn durch den rechten Oberarm in der Brust, zerriss dort eine grössere Lungenvene und blieb im elften Brustwirbelkörper stecken, wie die spätere Obduktion ergab. Die Lungenverletzung bewirkte einen massiven Blutverlust in der rechten Brusthöhle. Peter verblutete und starb in meinen Armen. Seine letzten Worte werden immer zu mir gehören: «Sag meiner Frau und meinem Sohn, dass ich sie liebe.» Ich stand unter Schock. Sirenen. Ambulanz. Dutzende von Polizisten. Die eintreffenden Sanitäter mussten auch den Tod von Ernst Gerber bestätigen. Ich hatte ihn erschossen. Peter war tot. Es war furchtbar. Die folgenden Stunden fühlte ich mich dieser Welt nicht mehr zugehörig und auch an die folgenden beiden Tage erinnere ich mich nicht mehr. Filmriss. Verwirrung. In diesem Ausnahmezustand meinte ich, Peter erschossen zu haben, und die Verzweiflung verschlang mich in schwarzen Wellen. Ich befand mich zweifelsohne in einem gefährlichen Zustand. Ich hatte den Mega-GAU im Leben jedes Polizisten erlebt, doch aus dem beruflichen Umfeld erhielt ich in dieser schwierigen Phase keinerlei Unterstützung und niemand meldete sich bei mir. Peter wurde fünf Tage später zu Grabe getragen. Er war nur 37 Jahre alt geworden. Seine Frau und sein Kind weinten, mussten sich von einem innig geliebten Ehemann und herzensguten Vater verabschieden.

Ich war am Boden zerstört, kehrte jedoch an meinen Arbeitsplatz zurück, funktionierte, wie es von mir erwartet wurde. Tage später musste ich an einer militärischen dreitägigen Übung teilnehmen, die in Kooperation mit der Polizei in einem Bunker stattfinden sollte. Ich fühlte mich psychisch nicht in der Lage, drei Tage lang in einem geschlossenen Raum zu verbringen und bat den Bezirkschef, mich freizustellen. Seine Antwort lautete: «Ich befehle es dir.» Ich wurde daraufhin beim Polizeikommandanten vorstellig, der mich sofort dispensierte. Nur drei Wochen später ereignete sich ein Überfall auf einen Schmuckladen in Zollikerberg. Der Kommandant selbst leitete die Fahndung. Man wusste, dass die Räuber bewaffnet waren. Ich organisierte die Pläne auf der Gemeinde, damit der Fahndungsring aufgebaut werden konnte, und sass im Polizeiauto. Plötzlich verspürte ich panische Angst vor diesem Einsatz. Mit letzter Kraft setzte ich mich durch und musste am Tatort nicht anwesend sein. Ohne meine Intervention wäre ich in die nächste Schiesserei verwickelt worden! Bei der Arbeit führten solche Ereignisse nicht dazu, dass man über eine Aufarbeitung des Erlebten nachdachte. Man schwieg. Und ich schwieg ebenfalls. Ich sprach mit niemandem über die fatale Nacht und die blitzartig auftauchenden Bilder, die mich verfolgten, doch tausendmal fragte ich mich: Hätte sich die Katastrophe verhindern lassen? Zweifelsohne handelte es sich um eine Verkettung extrem unglücklicher Umstände. Bei der Vorbereitung gingen wir professionell vor, wollten den allem Anschein nach unbewaffneten Täter abfangen, ohne dass es Verletzte gab, und demzufolge war Sarro mit von der Partie, der den Gewaltverbrecher ohne Einsatz von Waffen zur Strecke hätte bringen können. Dass der Täter vor der Tür stand, konnten wir nicht ahnen, gingen wir doch davon aus, es sei seine Frau, die das Nachthemd holen wollte.

Die gesetzlichen Grundlagen, die das Schiessen im Polizeidienst regeln, kannte ich natürlich auswendig und selbstverständlich galt es, in diesem Bereich zu Recht sehr strenge Regeln zu befolgen. Ich hatte in Notwehr gehandelt, da mich Gerber ohne Zweifel erschiessen wollte und die Waffe schon auf mich gerichtet hatte. Am Umstand, dass zwei Tote zu beklagen waren, änderte all das nichts. Was wirklich geschehen ist und was nicht, realisierte ich erst als jemand mit roter Farbe «Mörder» an meine Haustür schrieb. Später erfuhr ich aus den Akten, dass die Frau und die Schwiegertochter von Ernst Gerber zu Protokoll gaben, zuerst seien drei Schüsse hintereinander gefallen, erst danach ein weiterer, der anders geklungen habe. Zwischen den Zeilen wurde mir unterstellt, Ernst Gerber sei zuerst durch mich angegriffen worden, worauf er meinen Kollegen Peter getötet habe. Solche Äusserungen waren schlimm und natürlich auch komplett falsch, wie die kriminaltechnischen Untersuchungen des Tatortes ergaben und doch schien es Menschen zu geben, die mich schuldig sprachen. Gleichzeitig wurde eine Strafuntersuchung eingeleitet, was in solchen Fällen immer geschieht und auch geschehen muss. Ich empfand es dennoch als Ungeheuerlichkeit. Das Verfahren betraf den Vorwurf der vorsätzlichen Tötung und der schweren Körperverletzung. Ich wurde vernommen, die gestellten Fragen dienten der Klärung, ob ich richtig gehandelt hatte. Mit diesen Abklärungen und Einvernahmen war auch die Möglichkeit verbunden, dass andere zum Schluss kommen könnten, dies sei nicht der Fall gewesen: ein Umstand, der mich über alle Massen belastete. Ich nahm

Stellung, wiederholte, was der Wahrheit entsprach: Ich hatte in Notwehr gehandelt, da mich Ernst Gerber sonst ebenfalls erschossen hätte. Während der Untersuchung bei der Bezirksanwaltschaft Meilen verzichtete ich auf einen Anwalt und verteidigte mich selbst, da mir alles andere widersinnig erschien. Es war in jeder Hinsicht anstrengend. Im Nachhinein überforderte ich mich, schätzte meine Kräfte zu diesem Zeitpunkt nicht richtig ein. Heute wäre das alles unvorstellbar. Niemals würde man einen Beamten in einer solchen Situation sich selbst überlassen, man würde ihn auch vor sich selbst schützen, ihn begleiten und beraten. Damals herrschten andere Sitten – da ich gewohnt war, alle Probleme selbst zu lösen, bemühte ich mich auch nicht aktiv um Hilfe. Schliesslich wurde das Verfahren zu meinen Gunsten entschieden. Die abgegebenen Schüsse wurden nicht nur als gerechtfertigt bezeichnet. Zum Einsatz der Dienstwaffe sei ich auch verpflichtet gewesen. Die Strafuntersuchung wurde eingestellt, ich wurde in allen Punkten freigesprochen. Ob ich mich selbst freisprechen konnte, war eine andere Frage. Ich haderte mit dem Schicksal, überlebt zu haben, fühlte mich schuldig, hätte viel darum gegeben, wäre ich an der Stelle von Peter – der ein Kind und eine Frau zurückliess – erschossen worden. Die Überlebensschuld sollte mich noch viele Jahre begleiten.

Dass ich an diesem Ereignis nicht zerbrach, sehe ich heute als Konsequenz meiner harten Kindheit. Die seelischen Schmerzen, die ich als Junge aushalten musste, erwiesen sich weitaus schlimmer als die körperlichen Misshandlungen, was dazu führte, dass ich im Erwachsenenleben auch in emotionaler Hinsicht hart im Nehmen war. Aufzugeben hätte in meiner Kindheit das Ende meines Lebens bedeutet. Und auch jetzt wollte ich einfach weitermachen. Zumindest formell war die Katastrophe nach dem Urteil abgeschlossen. Ich verstaute die schrecklichen Stunden mit ihren dramatischen Folgen tief in meinem Innern und stellte mich im unmittelbaren Leben auf den Standpunkt, dass solche Situationen trotz allem auch zum Berufsrisiko gehören. Ich nahm es hin. Das Leben musste – irgendwie – weitergehen.

Allerdings: Die Anfeindungen in der Gemeinde, aber auch der Umstand, dass der Fall medial ein grosses Echo auslöste, im kleinen Dorf alle wussten, was geschehen ist und ich zumindest subjektiv unter dem Gefühl litt, kritisch beobachtet zu werden, führten schliesslich zur Entscheidung, den Polizeiposten Erlenbach zu verlassen. Bei Raubüberfällen, Entführungen und häuslicher Gewalt rücken heute meist sehr viele Polizeibeamte aus und manchmal sogar die Einsatzgruppe Diamant. Zu meiner Zeit war ich bei diesen Einsätzen oft allein und regelte die Dinge sofort vor Ort, musste mich auf meine Instinkte und meine Reflexe verlassen. Nach der fatalen Schiesserei traute ich mir all das nicht mehr zu und auch die Einstellung zum Polizeiberuf hatte sich verändert. Vor allem aber wollte ich nichts mehr mit Waffen zu tun haben. Als ich meinen neuen Job als Vertretung Dienstchef der Sachfahndung in Zürich antrat, war ich erst 30 Jahre alt. Obwohl ich nach zwei Jahren zum Detektiv-Gefreiten und später zum Detektiv-Wachtmeister mit besonderen Aufgaben befördert wurde, führte der fatale 3. März 1979 mittel- und langfristig dazu, dass meine Karriere bei der Polizei ins Stocken geriet, ich auch in dieser Hinsicht zurückgeworfen wurde, wie die folgenden Jahre zeigen sollten. Am Tag des Stellenantritts besuchte ich den Chef der Kripo und wollte mich vorstellen. Er reagierte reserviert und gereizt auf meine Anwesenheit. Unvermittelt liess er mich wissen, er sei für klare Worte: «Ich wollte Sie nicht, musste mich aber dem Befehl des Kommandanten beugen.» Ich nahm es zur Kenntnis, war aber ausser mir und tat, was ich sonst nicht mache: Ich schmetterte die Tür derart heftig hinter mir zu, dass die danach vermutlich repariert werden musste. Später erfuhr ich den Grund für sein unmögliches Verhalten: Er wollte die Stelle einem Kumpel geben. So verlief mein Einstieg in die Sachfahndung und auch in den folgenden Jahren blieb ich ein Störfaktor. Bei der Arbeit handelte es sich um einen Bürojob. Es war mir recht. Das Bedürfnis, mich zu sammeln und zur Ruhe zu kommen, stand im Vordergrund. In der Pikett-Truppe der Kapo nahm ich weiterhin kriminalistische Aufgaben wahr, betreute aber in erster Linie den Bereich

Schmuck, musste erneut professionelle Beschreibungen von gestohlenen Juwelen formulieren, eignete mir viel Wissen an und trug mich später sogar mit dem Gedanken, mich zum Gemmologen weiterzubilden, da sich meine Karrierepläne bei der Polizei nicht realisieren liessen. Irgendwann wollte ich in den Personen-Fahndungsdienst wechseln. Diese Aufgabe hätte tatsächlich einem Talent entsprochen, das mich auch auszeichnete, denn ich verfüge über ein überdurchschnittlich gutes visuelles Gedächtnis. Das war schon immer so. In früheren Jahren erarbeitete ich mir eine Strategie, wenn wir im öffentlichen Leben auf der Suche nach Verbrechern waren. Ich prägte mir deren Bilder ein und ordnete die einzelnen Gesichtspartien Menschen zu, die physiognomische Ähnlichkeiten aufwiesen: Politiker, Schauspieler, Prominente. Mehr als einmal erkannte ich zur Fahndung ausgeschriebene Männer und Frauen an Lippen, Augen oder Wangen, die an die zuvor genannten Persönlichkeiten erinnerten, worauf mein Hirn wie von selbst fähig war, diese Merkmale auf die Fahndungsbilder zu übertragen. Ich wusste jeweils innert Sekunden, um welche gesuchte Person es sich handelt und leitete die notwendigen Massnahmen ein. Einmal konnte ich sogar zwei Verbrecher, die in der Fernsehsendung «Aktenzeichen XY … ungelöst» gesucht wurden, dingfest machen. Beim Fahndungsdienst hätte ich sicher gute Arbeit geleistet. Die Abteilung unterstand allerdings dem Chef Kripo, und eine Antwort auf meine Bewerbung erhielt ich nie.

Bereits drei Jahre nach meinem Stellenantritt schien sich mein Gefühl, dass ich Katastrophen geradezu anziehe, abermals zu bestätigen. Heute weiss ich, dass der Polizeiberuf an sich, aber auch Zufälle dafür verantwortlich waren, dass ich bei der Arbeit so viel Schlimmes erlebte. Gleichzeitig glaube ich tatsächlich, dass andere Polizisten in diese Hinsicht weniger durchmachen mussten als ich. Nach dem Flugzeugabsturz in Würenlingen, unzähligen Suiziden und der Schiesserei mit tödlichem Ausgang in Erlenbach sollte auch der 12. September 1982 als schwarzer Tag in die Schweizer Geschichte eingehen. Das Wetter präsentierte sich an diesem Sonntag traumhaft. Die Mitglieder der Fussball-Seniorenmannschaft des deutschen Turn- und Sportvereins Schönaich befanden sich auf der Rückreise von einem gemeinsamen Ausflug, der sie in die Glarner Gemeinde Filzbach geführt hatte. Zusammen mit ihren Partnerinnen und Frauen hatten 41 Menschen das Wochenende im Ort über dem Walensee auf dem Kerenzerberg genossen. Wandern, essen, trinken, die Geselligkeit und Freundschaft pflegen – bestimmt wurden viele Fotografien geschossen, die man den Familien zeigen wollte und in späteren Jahren gemeinsam hätte anschauen können. Weisst du noch? Damals? Auf dem wunderbaren Reisli? Die Stimmung im Bus muss gut gewesen sein. Man plauderte, lachte, der eine las ein Buch, die andere hielt vielleicht ein Nickerchen. Doch bereits zog ein dunkler Strom die Ereignisse in Richtung Pfäffikon (ZH). Das Unglück, das Schicksal, die Ungerechtigkeit, oder wie man es immer nennen will, verschaffte sich Platz und forderte das Recht auf Vollendung ein. Die Wärterin am bewachten Bahnübergang an der Kempttalstrasse hatte ihren Dienst bereits angetreten, als der Reisebus durch die beschauliche Landschaft fuhr, die Menschen nichts ahnten und glücklich waren. Fatale Zufälle, wenn man es so nennen will, prägten die folgenden Minuten, während denen der Bus nur noch einige hundert Meter vom Bahnübergang entfernt war und die Sekunden dem Ende entgegentickten. Weil sich der Regionalzug Richtung Effretikon um zwei Minuten verspätete und die Bahnwärterin Helga Ferch* der fehlerhaften Auffassung war, sich im Fahrplan geirrt zu haben, öffnete sie die Bahnschranken. Zu früh. Im Moment, als der Reisebus sich bereits den geöffneten Schranken näherte, wurde die Bahnwärterin durch den heranrasenden Zug überrascht, betätigte jedoch abermals den falschen Knopf, worauf der Übergang geöffnet blieb. Die Notbremsung des Lokomotivführers konnte den gigantischen Aufprall mit dem Bus nicht verhindern, was zu einem regelrechten Inferno führte. Feuer, Rauchschwaden und Trümmer bedeckten die sterbenden und toten Menschen, die aus dem Bus geschleudert worden waren. Die herbeieilenden

Ambulanzen mussten unverrichteter Dinge abziehen. An ihrer Stelle benötigte man Leichenwagen und Särge für den Abtransport der Toten. 39 Menschen waren auf der Stelle tot. 43 Kinder – 19 von ihnen noch minderjährig – waren von einer Sekunde auf die andere zu Vollwaisen geworden. Die Bergung der Toten erwies sich als entsetzlich. Mediziner und Forensiker waren mit der Identifikation der Männer und Frauen beschäftigt, wozu auch meine Arbeit beitrug. Ich agierte als Leiter «Identifikation Sachen». Das vor Ort sichergestellte Material gelangte tonnenweise nach Zürich in die Räumlichkeiten der ehemaligen Reithalle Gessnerallee. Jedes der 39 Todesopfer erhielt einen eigenen Tisch. Winzige Leichenteile, Knochen und Hautfetzen lagen zusammen mit persönlichen Effekten vor uns. Nun ging es darum, alles zu durchforsten und zu sortieren. Die belastende Arbeit musste akribisch erledigt und die materiellen Fundstücke mithilfe von Listen den entsprechenden Personen zugeordnet werden. Wie ein riesiges Puzzle, das ein schreckliches Bild ergibt, musste alles registriert und erfasst werden. Der mir zur Seite gestellte Streugut-Offizier schien mit dieser Aufgabe überfordert zu sein, also übernahm ich seinen Job. Ich fühlte mich verantwortlich: Die Hinterbliebenen sollten zumindest jene Dinge zurückerhalten, die ihren Eltern, Töchtern und Söhnen gehört hatten. Der sichergestellte und zugeordnete Besitz, eine Kette, eine Uhr, ein Talisman, half ebenfalls, die zum Teil unkenntlichen Opfer zu identifizieren.

Später stellte sich heraus, dass die Wärterin nicht zum ersten Mal eine Barriere nicht verschlossen hatte. Die vorangegangenen Versäumnisse blieben ohne Schaden, das Glück hatte dafür gesorgt, dass viele Menschen verschont blieben. Doch an diesem 12. September sorgte das Schicksal für ein unfassbares Unglück. Ich fragte mich in den folgenden Jahren hin und wieder: Wie mochte es ihr ergangen sein? Wie ging sie mit dieser Schuld um? Im Rahmen von tragischen Ereignissen, die ich in meinem Berufsleben erlebte, wurde ich immer wieder mit menschlichen Abgründen konfrontiert und mit Eigenschaften, die für so viel

Leid sorgten: Gier, Eitelkeit, Bösartigkeit, Nachlässigkeit, Feigheit, Fanatismus und Dummheit. Ich setzte mich «nur» mit den Folgen von kriminellen Handlungen auseinander und konnte die Beurteilung der Taten anderen überlassen. Doch welchen Irrwegen die Menschen folgten, beeinflusste die Art der psychischen Belastung. Menschliches Versagen, das immer wieder zu Katastrophen führt, empfinde ich als besonders tragisch, denn der angerichtete Schaden ist ungewollt und stürzt die Verursacher selbst oft in grosse Krisen. Bei der Katastrophe von Schönaich spürte ich Mitgefühl für die Opfer und ihre Angehörigen, jedoch auch für die Barrierenwärterin, die für immer gezeichnet bleiben wird. In diesem Zusammenhang wurde auch offensichtlich, was menschliche Grösse und Empathie bedeuten: Nachdem Helga Ferch wegen der fahrlässigen Tötung in über drei Dutzend Fällen und aufgrund anderer Vergehen zu einer Gefängnisstrafe mit Probezeit verurteilt wurde, äusserten die vom Unglück so hart getroffenen Angehörigen Mitgefühl mit dieser Frau, die in schwierigen sozialen Verhältnissen lebte und mit ihren Kräften am Ende war.

Theres

Viele belastende Einsätze an der Front waren meinem Wunsch geschuldet, Polizeioffizier zu werden, weiterzumachen und irgendwann nach entsprechenden Weiterbildungen zum Personalchef der Polizei ernannt zu werden. Ich war noch immer ein Einzelgänger, jedoch nie ein Einzelkämpfer. Das wusste ich seit meiner Ausbildung als Koch, eine Tätigkeit, die ohne maximale Teamarbeit nicht funktioniert. In Gruppen, die in meiner Einschätzung häufig dem Zweck dienen, dass später die Posten unter jenen aufgeteilt werden, mit denen man jasst oder andere Freizeitaktivitäten teilt, fühlte ich mich allerdings unwohl. Der sogenannte Korpsgeist, der bei der Polizei hochgehalten wird und der unzählige gemeinsame Aktivitäten beinhaltet – Wandern, Velofahren, Judo – war nichts für mich und so konnte ich von den entsprechenden Verbindungen auch nicht profitieren. Obwohl ich gute Leistungen erbrachte und längst wieder zu Ehrgeiz und Elan zurückgefunden hatte, wurde ich durch meinen Chef nicht gestützt, im Gegenteil.

Meine Freizeit verbrachte ich allein mit meinem Hund oder mit meiner neuen Partnerin, die ich – nachdem eine andere Beziehung in die Brüche gegangen war – Mitte der 1980er-Jahre kennenlernte. Theres. Um unsere Geschichte zu erzählen, muss ich ein wenig ausholen. Als mein Kollege und ich eines Tages mit dem Dienstauto im Schnee stecken blieben und einen Mann im Wald erblickten, baten wir um seine Hilfe. Als Gegenleistung half ich ihm, Holz zu hacken. Wir lernten uns besser kennen, worauf er mich zu sich nach Hause einlud. Seine Frau Theres kochte ausgesprochen gut und betreute später meinen zweiten Hund Tasso, Wodans Vater. Der Umstand, dass mein erster Hund fast zum gleichen Zeitpunkt starb, als sich die Katastrophe um Peter Spitzer ereignete, erschütterte mich tief. Wir befanden uns auf einem Feldweg, als aus dem Nichts heraus ein Auto auftauchte und voll in Wodan hineinfuhr. Ich kümmerte mich verzweifelt um meinen schwer verletzten Hund und fragte den Fahrer aufgebracht: «Haben Sie den Hund nicht gesehen?» Er antwortete: «Der ist vom Himmel heruntergefallen.» Später brachte ich diesen Mann – der, wie ich vermutete, über einen gefälschten ausländischen Führerschein verfügte – vor Gericht. Doch die Antwort auf die Frage nach der Schuld brachte mir meinen geliebten Hund nicht zurück. Es war extrem bitter und ohne Wodan wurde mein Leben schwierig. In meiner Not fragte ich bei seinem Züchter nach, ob er mir abermals einen Riesenschnauzer vermitteln könnte. Dieser liess mich wissen, es gäbe da noch Wodans Vater, Tasso, der es nicht gut getroffen habe. Sein Besitzer, ein Wirt, vernachlässige das Tier und stelle es unter dem Einfluss von Alkohol auf die Tische im Restaurant und lasse es dort zum Gaudi der Gäste Gläser mit Eierlikör auslecken. Zudem würde dieser unfähige Mensch das Tier mit Messer und Gabel drangsalieren, um seine Aggressivität zu provozieren. Ich war entsetzt und machte mich sofort auf den Weg, fand die Worte des Züchters bestätigt und verwickelte den Wirt in ein Gespräch. Ich fragte ihn, ob er mir Tasso verkaufe. Er verneinte, worauf ich ihm einen Whisky spendierte, dem weitere folgten. Irgendwann, spät in der Nacht, nannte der Wirt einen Preis: Tausend Franken! Allerdings überlasse er mir Tasso nur unter der Bedingung, dass ich schaffe, was ihm unmöglich sei – ihn ohne Leine und Zwang in den Kofferraum meines Autos zu verfrachten. Ich organisierte sofort einen Bierdeckel, schrieb alles auf und liess den Wirt unterschreiben. Am nächsten Tag erschien ich mit den tausend Franken in der Tasche, die ich dem Wirt aushändigte, und liess Tasso wissen: «Komm, wir gehen. Jetzt kommst du an einen besseren Ort.» Er folgte mir vertrauensvoll und gelangte mit einem lockeren Sprung in die Box im Kofferraum. So kam Tasso zu mir. Ein wunderbares Tier, mit dem mich so viel verband. Die Geschichte ging noch weiter: Einmal fragte mich ein sehr vermögender Deutscher, der ein Pferdegestüt besass, wie viel ich für Tasso wolle. Er bot einige Tausend Franken an. Ich war neugierig, wie viel er locker machen würde, und nannte ihm den absolut überrissenen Preis von 20 000 Franken. Er willigte sofort ein. Ich antwortete nur kühl.

«Mit Geld lässt sich nicht alles kaufen und meinen Hund schon gar nicht.» Wie auch immer: Tasso, den ich auch als Polizeihund einsetzte, war sehr gross und so brachte ich ihn hin und wieder zu meinem neuen Kollegen und seiner Frau, deren Haus über viel Umschwung verfügte. Bei einer Gelegenheit liess mich Theres wissen: «Du bist zwar Polizist, aber mich wirst du nie erwischen, denn ich fahre ausgesprochen korrekt.» 24 Stunden später erwischte ich sie beim falschen Parkieren und beschied ihr augenzwinkernd: «Das macht entweder 40 Franken Bussgeld oder eine Flasche Wein, die wir gemeinsam trinken.» Wir wurden Kollegen, mehr nicht, doch nachdem ihre Ehe in die Brüche gegangen war, kamen wir uns näher. Sie war und ist ein fröhlicher und positiv denkender Mensch. Überaus fleissig und energiegeladen. Sie arbeitete halbtags, erledigte zusätzlich das Büro ihres Ex-Mannes, schmiss den Haushalt, kümmerte sich fürsorglich um ihre damals 9 und 13 Jahre alten Kinder. Bei Frauen achtete ich darauf, dass sie mich in keiner Art und Weise an meine Mutter erinnerten. Das war bei Theres der Fall. Den anderen zugewandt kommt sie ganz unkompliziert mit ihnen in Kontakt. Sie ist sozial, emphatisch, kommunikativ, hilfsbereit und friedfertig, kurz, ein wunderbarer Mensch, der mich zudem so akzeptierte, wie ich eben war. Die Rolle des Stiefvaters wollte ich für ihre Kinder nicht übernehmen. Erstens gab es in ihrem Leben einen Vater und zweitens hatte ich mich selbst längst bewusst und definitiv gegen Nachwuchs entschieden und wollte Mitte dreissig auch nicht in ein Familienleben integriert werden. Lange Jahre lebten Theres und ich in getrennten Wohnungen, und als wir diesen Zustand veränderten, waren die Kinder bereits im Teenageralter. Das alles trug sicher dazu bei, dass mein Kontakt mit der Tochter und dem Sohn heute eher distanziert verläuft. Und: Bis ich begann, meine Geschichte niederzuschreiben, wusste Theres nur rudimentär Bescheid, da ich erst vor rund fünf Jahren – ich war bereits 67 Jahre alt – mit der Aufarbeitung beginnen und im Rahmen einer passenden psychotherapeutischen Begleitung endlich über alles sprechen konnte. Die Beziehung lief gut, und doch muss meiner Partnerin womöglich manches als schwierig oder zumindest rätselhaft erschienen sein. Sehr streng mit mir selbst tendierte ich dazu, mit anderen ähnlich zu verfahren, was bestimmt als übermässige Härte wahrgenommen wurde. Ebenfalls war ich als Partner unfähig, Probleme zu formulieren oder auszudiskutieren. Im Beruf wurde normalerweise gemacht, was ich anordnete. Zu argumentieren und meine Ansichten differenziert zu vertreten – das alles hatte ich ebenfalls nie gelernt. Gab es in der Partnerschaft Unstimmigkeiten, verfuhr ich so ähnlich wie in meiner Kindheit. Ich versank in tagelangem Schweigen, eine eigentliche Tortur für meine so kommunikative und soziale Partnerin. Ich war unfähig, an diesem Verhalten etwas zu verändern und bewundere sie heute dafür, dass sie es trotzdem mit mir aushielt. Bis ich ihr volles Vertrauen schenken konnte, sollten noch Jahrzehnte ins Land ziehen. Ich litt weiterhin unter einem Ur-Misstrauen gegenüber Frauen, was dazu führte, dass ich im Umgang mit ihr wachsam blieb, obwohl mir Theres keinen einzigen Grund für dieses Verhalten lieferte. Aufpassen, misstrauisch sein. Unsere Lebensqualität litt unter diesem Verhalten, wie ich heute weiss. Die langen Klinikaufenthalte, die später folgten und von denen niemand wusste, ob sie irgendwann etwas bringen, führten zu tiefer Verbundenheit und auch zu grosser Dankbarkeit. Theres blieb standhaft und loyal, setzte den Ratschlag eines Psychiaters, sie solle mich verlassen, nicht um. Im Gegenteil. Sie war und blieb der Fels in der Brandung. Eine solche Fürsorge hatte ich noch nie erlebt. Meine Partnerin, das weiss ich heute, bewies mir tausendmal, dass Frauen anders sind als meine Mutter, die eine absolut negative Ausnahmeerscheinung war, und somit half mir Theres auch, die Prägungen aus der Kindheit zu überwinden.

Privat hatte ich meinen Weg gefunden, doch im Berufsleben blieb ich unterfordert und die Erfahrung, dass grosser Arbeitseinsatz und Fähigkeiten zu keinem Ziel führen, wenn man intern ausgebremst wird, erwies sich als frustrierend. Meinen Wissensdurst und meine intellektuellen Kapazitäten lebte ich in verschiedensten Weiterbildungen aus. Der ständige Optimierungswille trieb mich an. Eine zweijährige Ausbildung an der damaligen Hochschule für angewandte Psychologie brachte mich mit den Themen Führungslehre, Sozialpsychologie des Betriebes und der Förderung der Vorgesetztenpersönlichkeit in Verbindung. Die Abschlussarbeit, mit dem Titel «Integration sozial gescheiterter Menschen im Arbeitsprozess öffentlicher und halböffentlicher Institutionen» beschäftigte mich monatelang. Ich lieferte derart viel Material, dass der Leiter ein Machtwort sprach, worauf meine Ausführungen gekürzt werden mussten. Das Thema interessierte mich sehr und die Frage, was das Gegenteil eines sozial gescheiterten Menschen im Arbeitsprozess ist, liess sich einfach beantworten: ich! Gleichzeitig wusste ich, dass aus mir einfach auch etwas anderes hätte werden können: ein Dieb, ein Hallodri, ein Tunichtgut. Voraussetzungen wie das Milieu, in das man hineingeboren wird, und auch der Bildungsgrad sind sicher verantwortlich dafür, ob ein Mensch im Leben Tritt fassen kann oder nicht, und natürlich führen auch Schicksalsschläge und persönliche Dispositionen dazu, dass man ins Schlingern geraten kann. Das erfolgreiche Scheitern ist heute in aller Munde, dabei werden Niederlagen geradezu als Voraussetzung dargestellt, damit man später grosse Erfolge verbuchen kann. Niederlagen sind immer schmerzhaft und bedürfen einer genauen persönlichen Analyse, was ein hoher Anspruch ist, ebenso wie die Entscheidung, nach Rückschlägen weitermachen zu wollen. Trotz negativer Prädispositionen, die einen Lebensweg beeinflussen können, das weiss man heute auch aus der neurologischen Forschung, darf der freie Wille der Menschen nicht unterschätzt werden. Fast jeder Mensch hat die Möglichkeit, Entscheidungen zu treffen. Ob er auf seinem Weg rechts oder links abbiegen will, ob er sich seinem eigentlichen Schicksal entgegenstellt und alles daran setzt, damit sich die negativen Prophezeiungen nicht erfüllen. Ich selbst bewies, dass man sein Schicksal umdrehen und auch mit schlechten Voraussetzungen reüssieren kann. Doch das darf nicht zum Massstab werden.

In der Sachfahndung tummelten sich noch immer viele schräge Vögel, die in anderen Abteilungen nicht einsetzbar waren, auch, weil sie unter persönlichen Problemen litten. Was bei uns zu einem Panoptikum von schwierigen Persönlichkeiten führte, ist in zahlenmässig reduzierter Form wohl auch in jeder Firma eine Tatsache. Die Motivation, gemeinsam einen Weg zu suchen, hielt sich in der Privatwirtschaft damals in Grenzen. Eine Kündigung ist einfacher, und so scheitern die Schwierigen oft im Arbeitsprozess, worauf ihre Probleme natürlich nicht kleiner werden und sie im schlimmsten Fall abgleiten und auch die Staatskasse massiv belasten. Vor allem aber sind solche Menschen unglücklich. Befinden sich die Leute in unkündbaren Arbeitsverhältnissen, was bei der Polizei lange Zeit der Fall war, muss man Mittel und Wege suchen und finden, damit die Zusammenarbeit klappt. Im Rahmen meiner Abschlussarbeit konnte ich auf viele Fallbeispiele aus meinem Arbeitsalltag als Vorgesetzter zurückgreifen: Einer meiner Männer trank pro Arbeitstag acht Flaschen Bier, ein anderer war depressiv, ein Dritter tablettenabhängig und ein anderer lief mit der geladenen Waffe durch das Büro und einmal entlud sich ungewollt ein Fehlschuss. Von solchen Mitarbeitern erwartete ich natürlich nicht die gleiche Arbeitsleistung wie von einem kerngesunden Beamten. Wichtig war zweifelsohne auch die Einsicht, dass man von solchen Menschen nicht einfach nichts mehr erwartet, denn mit dieser Haltung gibt man sie auf, und die Probleme werden nicht kleiner. Fazit: Die Fähigkeit, als Chef Ansprüche zu relativieren, an den sorgfältig definierten, kleinen Zielen aber festzuhalten, kann sich als Geheimnis einer funktionierenden Beziehung zwischen Vorgesetzten und schwierigen Angestellten erweisen. Ich war in meiner Funktion nur stellvertretender Dienstchef. Der eigentliche Chef ebenso wie andere Führungskräfte glänzten bei Problemen allerdings mehrheitlich durch Abwesenheit. Irgendwann nahm ich mir das Recht heraus, in solchen Fällen die Zügel in die Hand zu nehmen, und oft genug überliess man mir diese Aufgaben gerne. Ich wurde zu einem eigentlichen Troubleshooter und konnte viel Gutes bewirken.

Ich liess meinen Leuten einiges, aber bestimmt nicht alles durchgehen und spornte sie zur Leistung an. Die Kollegen wussten: Sie müssen ehrlich sein, und umgekehrt können sie sich zu hundert Prozent auf mein Wort verlassen. Das Fähnchen hängte ich nie nach dem Wind, vertrat unbequeme Entscheidungen auch gegen oben und machte mir gleichzeitig auch meinen Job spannend. Wie einst als Dreijähriger, der den immer gleichen Griessbrei mit Kräutern, Zimt oder Zucker verfeinerte und so für Abwechslung sorgte, suchte und fand ich im ansonsten öden Arbeitsalltag Bereiche, die mich interessierten und herausforderten. Das Studium lenkte mich ebenfalls ab und die Abschlussarbeit wurde ausgesprochen positiv bewertet. Trotzdem musste ich mir irgendwann eingestehen, dass die Arbeit bei der Polizei für mich ein Abstellgleis war und ich mich neu orientieren musste und auch wollte.

Gutes tun

Nach rund neun Jahren bei der Sachfahndung, machte ich mir Gedanken zu einer beruflichen Zukunft, die nichts mehr mit dem Polizeidienst zu tun haben sollte. Meinen einstigen Traum, ein Restaurant zu eröffnen, verwarf ich endgültig. Noch immer auf finanzielle Sicherheit bedacht, erschien mir dieses Risiko nach vielen Jahren, in denen ich weder als Koch noch als Wirt gearbeitet hatte, zu hoch. Die Idee, mich in der deutschen Edelstein-Hochburg Idar-Oberstein zum Gemmologen ausbilden zu lassen, schien mir ebenfalls wenig zukunftsträchtig zu sein. Als ich nach zwanzig Jahren bei der Polizei bei der morgendlichen Lektüre des Stellenanzeigers auf ein Inserat stiess, war ich sofort hellwach. Das Bestattungs- und Friedhofsamt der Stadt Zürich (BFA) war auf der Suche nach einem Chef-Stellvertreter. Der Satz, die Betreuung des Bestattungswesens erfordere Kraft und Hingabe, gefiel mir sehr, denn er brachte Respekt im Umgang mit den Verstorbenen und ihren Angehörigen zum Ausdruck. Ich verfügte über die geforderte Führungsbegabung und ebenfalls über ein ausgeprägtes Geschick in organisatorischen und administrativen Aufgaben. Der Umgang mit Verstorbenen ängstigte mich nicht, im Gegenteil. Bereits bei der Polizei erschien mir die Arbeit mit Gewaltverbrechen und Suiziden sinnvoll. Ebenfalls war ich mit Verstorbenen jeglicher Art konfrontiert gewesen, sprich: So schnell konnte mich nichts schockieren. Eine zweite Bewerbung, die ich verfassen wollte, betraf eine Dienstchef-Ausschreibung für den Polizeiposten Küsnacht. Zwei Bogen Papier lagen vor mir. Der eine schwer und von guter Qualität. Der andere leicht und beinahe durchscheinend. Bei welcher Stelle wollte ich nun mit dem schönen Papier punkten? Meine innere Entscheidung war bereits getroffen, als ich zum Bewerbungsgespräch auf das Bestattungs- und Friedhofsamt eingeladen wurde. Ich erhielt die Stelle, was durch den damaligen Stadtpräsidenten Thomas Wagner bestätigt wurde. Ich freute mich sehr. Einerseits konnte ich nun ein für alle Mal den Polizeidienst quittieren, andererseits erwartete mich eine komplexe und in jeder Hinsicht anspruchsvolle Führungstätigkeit, die gleichzeitig ein grosser Karrieresprung bedeutete. Mein Job umfasste die organisatorische Leitung sämtlicher Abteilungen, darunter das Krematorium, die Gärtnerei und die Fahrdienste. Ich wusste: Der Umgang mit Trauernden wird eine wichtige Rolle spielen, ebenso die Bearbeitung von Anträgen und Weisungen. Auch die Aufsicht über den Personaleinsatz, sowie die Mitarbeit innerhalb von Organisations- und Koordinationsaufgaben fielen in meinen Aufgabenbereich. Über den Beruf des Bestatters war ich bestens informiert, als ich die Stelle antrat. Ich wusste um die Vielfältigkeit einer anspruchsvollen Tätigkeit, die so viele fürsorgende Aktionen mit einschliesst. Die Bestatter legen mit den Hinterbliebenen die Einzelheiten des Ablaufs der Beerdigung fest und regeln die amtlichen und kirchlichen Formalitäten. Im Umgang mit den Trauernden kommt diesen Fachleuten eine tragende Rolle zu. Der Dienst an den Verstorbenen ist eine Herzensangelegenheit. Man hegt und pflegt die Menschen über den Tod hinaus, behandelt sie mit Würde und Anstand, hält die hygienischen Regeln ein und bereitet sie für den ewigen Abschied vor. Wenn man sie wäscht, kleidet, ihnen die Haare kämmt, sie so herrichtet, wie es die Angehörigen wünschen, entsteht ein sehr persönlicher Kontakt, eine Nähe, die man nur schlecht in Worte fassen kann. Manche Bestatterinnen berichten, dass sie erahnen können, ob die Verstorbenen ein gutes oder eher ein schwieriges Leben geführt haben. Auch der Körper erzählt eine eigene Geschichte. Ob die Menschen lange krank waren, viele Operationen über sich ergehen lassen mussten, bevor sie starben, und ob sie friedlich einschlafen konnten, der Tod schnell kam oder die letzten Stunden eher ein Kampf waren. Die Art der Kleidung erzählt einiges über die Persönlichkeit und manche Grabbeigaben etwas über die Interessen und Wertvorstellung zu Lebzeiten. Man erhält ein beinahe vollständiges Bild und weiss das Wichtigste doch nicht: ob der Tote, der vor einem liegt, ein anständiger Mensch war oder ganz anders, jemand, der seinem Umfeld Schmerz und Ungerechtigkeit widerfahren liess. Es spielt keine Rolle mehr. In diesem Zustand sind alle Menschen gleich. Allerdings macht es einen Unterschied, ob die Verstorbenen ein langes und hoffentlich erfülltes Leben hatten oder ob sie noch jung aus dem Dasein gerissen wurden, manchmal brutal, durch Unfälle oder durch Menschenhand, wie ich Jahre später erleben musste. Die Umstände, die mich mit den verstümmelten Opfern eines unvorstellbaren Verbrechens konfrontierten, schockierten mich über alle Massen und trugen dazu bei, dass ich einen schweren Zusammenbruch erlitt. Davon wusste ich nichts, als ich meine Antrittsrede hielt: «Es ist ein Amt, an dem die Bevölkerung keine grosse Freude hat und doch alle etwas angeht – denn es verwaltet den Tod der Bürgerinnen und Bürger von Zürich.» Nach einer längeren Rede schloss ich mit den Worten: «Ich möchte das Amt nicht nur zu verwalten, sondern auch über Themen wie Ästhetik, Friedhofskultur und Ethik nachdenken.» Das gelang mir in den folgenden Jahren einwandfrei. Doch als ich im Jahr 1990 meine Stelle antrat, kam ich zuerst einmal vom Regen in die Traufe: Meine Autorität musste ich mir erkämpfen, was vorwiegend meinem Erscheinungsbild geschuldet war. Während es sich bei vielen Angestellten um richtiggehende Haudegen handelte, fiel ich durch Schlankheit sowie eine gewisse Eleganz auf und zwei Meter gross war ich auch nicht. Meinem ersten Auftritt bei den Mitarbeitenden kommentierte die dortige Büroleiterin hinter vorgehaltener Hand: «Was will denn dieses Milchbubi bei uns?» Ich tat, als hätte ich nichts gehört. Doch dieser Ruf eilte mir nur kurze Zeit voraus, ebenso wie ein anderes Vorurteil: Der Chef des Amtes muss morbide und melancholisch sein, hat er es doch tagtäglich mit dem Tod zu tun. Ich führte das Amt vor allem am Anfang heiter, jedoch mit strenger Hand und verfolgte dabei mein Ziel, Abläufe und Arbeiten effizienter zu gestalten. An eine meiner ersten Aktionen erinnere ich mich gut. In manchen Abteilungen wurde viel getrunken. Natürlich waren die Mitarbeiter zum Teil durch den Job belastet, doch irgendwann musste ich diesem Verhalten einen Riegel vorschieben. Einmal gelangte ich frühmorgens unangekündigt in eine Abteilung, war auf einiges gefasst und traute trotzdem meinen Augen nicht. Vor jedem Mitarbeiter stand auf dem Tisch eine angebrochene Flasche Weisswein, die offenbar bis zur Mittagspause geleert wurde. Ich sprach ein Machtwort aus. Es wurde weiter gebechert. Also musste ein Exempel statuiert werden. Ich verwarnte den Cheftrinker, der auch nach dem zweiten Verweis weitermachte wie bisher und natürlich seine Kumpels zu einem ähnlichen Verhalten anstachelte. Nach dem dritten Verweis sprach ich die Kündigung aus und in den folgenden Monaten konnte das Alkoholverbot während der Arbeit durchgesetzt werden. An einen «meiner» ersten prominenten Verstorbenen erinnere ich mich ebenfalls gut. Der grosse Schweizer Schriftsteller Max Frisch verstarb am 4. April 1991 in Zürich. Er wurde tatsächlich im Sarg durch die Altstadt getragen. Die Totenfeier fand in der Stiftskirche St. Peter statt, was die NZZ Jahre später zu einem grossen Artikel veranlasste, der sich mit der Verstrickung von Vernunft und Religion auseinandersetzte, ein Thema, das auch in meinem Berufsalltag eine Rolle spielte. An der Abdankung sprach kein Priester und kein Segen wurde gesprochen. Zudem kündigte man an, die Asche zu einem späteren Zeitpunkt «irgendwo» zu verstreuen. Die Feier war säkular und der formulierte Wunsch von Frischs intellektuellen Freunden, man möge auch auf das gesprochene Amen in der Kirche verzichten, liess die Entscheidung trotzdem in einem Gotteshaus Abschied zu nehmen eigenartig erscheinen. Allerdings betätigte es sich auch in meinem Alltag: Die Menschen mögen sich als Agnostiker bezeichnen, doch das Bedürfnis nach Spiritualität bleibt insbesondere in aussergewöhnlichen Situationen bestehen, wie auch viele Kirchgemeinden bestätigen. Die Menschen treten zwar scharenweise aus der Kirche aus, doch die Hochzeit soll trotzdem vor dem Altar stattfinden und die Beerdigung in der Kirche abgehalten werden. In den schweren Stunden des Abschieds und auch im Angesicht des Todes werden manche Überzeugungen neu überdacht und Meinungen revidiert – vielleicht nur für den Moment, manchmal aber auch nachhaltiger –, was eine Chance für die Betroffenen sein kann. Das Bestattungswesen, das sollten die folgenden Jahre zeigen, unterzog sich ebenfalls einem Wandel. Anonyme Gemeinschaftsgräber für Urnen sind heute sehr populär, ebenso wie alternative Beerdigungen. Viele Angehörige verstreuen die Asche auf Wunsch der Verstorbenen an ihren Lieblingsorten und andere lassen die Asche in einem spezialisierten Verfahren zu einem Diamanten umwandeln, den sie künftig als Schmuckstück am Finger oder am Hals tragen. Der Bestand an Stadtgräbern nimmt aktuell um jährlich tausend Gräber ab, sodass meisten Friedhöfe nun über viel freien Platz verfügen, der luftige Parkanlagen entstehen lässt und manchmal sogar Weideplatz für Tiere: Ein schöner Trend, der zu meiner Zeit noch kein Thema war. Man fragte sich eher, wie man mit der ansteigenden Platzknappheit umgehen kann. Und bereits vor der Jahrtausendwende wurden Stimmen laut, die die ökologische Verträglichkeit von Erdbestattungen, aber auch von Krematorien hinterfragten, was mich zu einem Nachdiplomstudium in Ökologie an der höheren Wirtschafts- und Verwaltungsschule (HWV) animierte, das ich berufsbegleitend absolvierte. Die Studiengebiete umfassten die Themen biologische Kreisläufe, Umweltschutz, Umweltrecht, Umweltmanagement und Ökostrategien. Als in Zürich irgendwann reklamiert wurde, dass Verstorbene mit Amalgamfüllungen bei der Kremation ein Umweltrisiko darstellen, worauf ein Zahnarzt den Leuten post mortem die plombierten Zähne ziehen sollte, legte ich mich allerdings quer und verbot solch unwürdige Eingriffe dezidiert. Mein Nachdiplomstudium schloss ich erfolgreich ab und ein Jahr später besuchte ich am betriebswirtschaftlichen Institut der ETH Zürich ein Seminar zur Projektmanagementmethodik und war im Rahmen von Projektorganisationsformen nun ebenfalls auf der Höhe der Zeit. Der Weiterbildung widmete ich mich auch in den folgenden Jahren mit grossem Engagement, belegte am Betriebswissenschaftlichen Institut der ETH Zürich weitere Lehrgänge und legte auch die Prüfung als eidgenössisch diplomierter Bestatter ab, worauf ich an der Universität Zürich später die Nahttechnik an Verstorbenen erlernte. Das alles trug bald Früchte: Drei Jahre nach meinem Stellenantritt wurde ich zum Leiter des Friedhof- und Bestattungsamtes befördert, hatte nun die Entscheidungsbefugnis über rund dreihundert Mitarbeiter und ein Jahr später wählte man mich zum Präsidenten des Schweizerischen Verbandes für Feuerbestattung, der über einen Bestand von rund 30 000 Mitgliedern verfügte.

Der tägliche Umgang mit dem Tod ist für manche Menschen morbid. In Tat und Wahrheit handelt es sich um eine umsorgende Tätigkeit. Die Verstorbenen werden beschützt, die Angehörigen gestützt. Ich stellte meinen Gestaltungsspielraum unter Beweis, liess aber immer Augenmass walten. Als letzte Instanz kam ich bei vielen Sonderfällen zum Zug, die durch mich bewilligt oder abgelehnt werden mussten. Es konnte sich um eine Einäscherung handeln, bei der die gesetzliche Frist vorgeschoben werden musste, weil die Angehörigen dringend ins Ausland verreisen mussten oder um Bewilligungen für spezielle Grabmale, die manchmal ausgeklügelte Lösungen erforderten. Im Grossen, aber auch im Kleinen mussten tagtäglich Entscheidungen gefällt werden, und sei es nur, um die Art und Farbe der Bepflanzungen auf sämtlichen Zürcher Friedhöfen zu bestimmen, wobei ich – logisch, aufgrund einer entsprechenden Ausbildung – nach fachmännischen Kriterien vorging. Die Möglichkeit, Gutes zu tun und Fürsorge walten zu lassen, mich für Schwache und die Gerechtigkeit einsetzen zu dürfen, vermittelte mir in meiner neuen Berufung Erfüllung und Zufriedenheit. Natürlich arbeitete ich immer noch sehr viel, doch im Grossen und Ganzen war ich weniger gehetzt als früher und die Zufriedenheit jener Jahre bleibt unvergessen. Bei meinem Stellenantritt lautete die Standardantwort: «Das haben wir noch nie gemacht. Das machen wir nicht.» Diese Haltung widersprach mir komplett, und ich bezeichnete meine Tätigkeit oft als Slalom, durch den man hindurchfahren muss, doch gottlob gaben die Stangen nach, wenn man sie touchierte. Manches qualifizierte ich als nicht mehr zeitgemäss und versuchte, grosse Veränderungen herbeizuführen, was auch gelang. So durften nun zum Beispiel Frühgeburten bestattet werden und die Kindergräber wurden von der hinteren Seite der Kapelle nach vorne verschoben. Für betroffene Eltern handelte es sich bei dieser Entscheidung um einen wichtigen Schritt. Gleichwohl galt es oft genug, die Friedhofsverwaltungen zu überzeugen, die mit manchen Veränderungen ihre liebe Mühe und Not bekundeten. Etwa, wenn Orthodoxe mit Särgen und Kerzen durch den Friedhof liefen oder wenn Hindus vor den Öfen stehen durften, um ihrem Glauben entsprechend dabei zu sein, wenn ihre Angehörigen dem Feuer übergeben wurden. Ich sprach die nötigen Bewilligungen aus, versuchte grundsätzlich zu erfüllen, was den Hinterbliebenen in den schweren Stunden Entlastung brachte, und bildete mich in diesem Sinn auch im Rahmen der Trauerarbeit weiter. Mein Büro befand sich im Stadthaus. Ich richtete es aus eigener Tasche aufwendig ein, damit die Trauernden in diesem Rahmen einen Rückzugsort fanden, in dem sie sich wohlfühlten, wenn sie mit ihren Anliegen bei mir vorstellig wurden. Beim Thema Tod handelte es sich um einen sensiblen Bereich. Eine Mutter oder ein Vater stirbt nur einmal. Die Angehörigen befinden sich in Ausnahmesituationen und verdienen Rücksichtnahme.

Natürlich erlebte ich Fälle, die mich stärker belasteten als andere. Indem ich half, erfuhr auch ich Linderung. Einmal wollte ein schwedisches Paar nach Kanada auswandern. Die Vorbereitung für das neue Leben in der Fremde dauerte bestimmt viele Monate und die Vorfreude, als man endlich im Flieger sass, muss riesig gewesen sein. Tragischerweise verstarb die Frau während des Flugs, was eine Notlandung in Zürich nötig machte. Über verschiedene Umwege landete der Ehemann in meinem Büro. Verzweifelt und schwer gezeichnet, schilderte er mir seine Lage. Er wollte die Urne nach Kanada mitnehmen, das sei ihm sehr wichtig. Die Vorschrift, dass Verstorbene erst nach einer 72-stündigen Wartezeit eingeäschert werden dürfen, stellte ein grosses Problem dar, weil er den Flug stornieren und neu hätte buchen müssen, wofür ihm die finanziellen Mittel fehlten. Ich erfuhr, dass die Untersuchungen der Gerichtsmedizin abgeschlossen waren, und schöpfte meinen Ermessensspielraum aus, gab grünes Licht, damit die Verstorbene einen Tag früher eingeäschert werden konnte. Ich übernahm die Verantwortung, wurde im Krematorium vorstellig, drückte eigenhändig den Knopf, der die Tür zum Ofen auslöste und überreichte dem Witwer die Urne rechtzeitig. Er hatte Tränen in den Augen und fragte, was er für mich tun könne. Ich antwortete: «Wenn Sie Ihre Frau in der neuen Heimat bestattet haben, würde ich mich über eine Fotografie der Grabstätte freuen.» Ein halbes Jahr später erreichte mich dieses Bild, und als ich es betrachtete, wusste ich, dass ich diesem Menschen helfen konnte, so wie auch mir Menschen in schweren Zeiten geholfen haben. Bei solchen Hilfeleistungen handelte es für mich um eine praktische Trauerarbeit und in der entsprechenden Schlüsselposition konnte ich natürlich viel bewirken. Einmal landete der Brief eines indischen Staatsangehörigen bei mir auf dem Schreibtisch. Der Mann trauerte um seinen in Zürich verstorbenen Sohn, der anschliessend kremiert wurde. In seinen Zeilen erklärte er den hinduistischen Ritus, bei dem die sterblichen Überreste von Verstorbenen im heiligen Ganges die letzte Ruhe finden. Weiter las ich: Sein Sohn könne keinen Frieden finden, wenn die Asche nicht dem fliessenden Wasser übergeben werde. Seine Ausführungen endeten mit der Frage, ob es in der Schweiz auch Flüsse gibt. Ich gab mir selbst eine Sondererlaubnis und schüttete die Asche schliesslich höchstpersönlich in die Limmat auf Höhe des Wehrs in Wipkingen, hielt die Aktion fotografisch fest und schickte die Bilder nach Indien.

Nichtsdestotrotz wurde die erfüllende Arbeit auch immer wieder durch Fehler geprägt, die wir uns selbst zuschreiben mussten, so etwa Gräber, die verwechselt wurden. Über solche und andere Missetaten wollte ich sofort informiert werden. Verschleiern oder vertuschen gab es bei mir nicht. Kam es zu Fehlleistungen, trat ich mit einem grossen Blumenstrauss vor die Angehörigen hin, informierte sie wahrheitsgemäss, entschuldigte mich und versprach vor allem, den Fehler umgehend zu beheben. Ich war auch viel auf den Friedhöfen unterwegs, bearbeitete die Reklamationen selbst, um die notwendigen Verbesserungen vor Ort durchzusetzen. Ich liebte die Arbeit an der Front, befand mich in einer Schlüsselposition und konnte alle Aktionen mit meinem Gewissen vereinbaren. Ich involvierte und engagierte mich stark – auch für meine eigenen Leute, denen ich die Ausbildung zum Bestatter mit eidgenössischem Diplom ermöglichte. Ebenfalls stellte ich unter der Leitung von zwei namhaften Professoren eine Schulung auf die Beine, die jungen Theologen das Wissen vermittelte, wie man sich vor, nach und während einer Beerdigung angemessen verhält.

Psychisch ging es mir in diesen Jahren gut. Die belastenden Erlebnisse im Polizeidienst rückten in den Hintergrund. Den Schicksalsschlag um Peter Spitzer meinte ich akzeptiert zu haben. Wenn ich allerdings in Zeitungen von ähnlichen Fällen las oder im Fernsehen mit ähnlichen Situationen konfrontiert wurde, war alles sofort wieder da: der Horror jener Stunden, mein Freund, der in meinen Armen starb, die Schüsse, die ich auf unseren Angreifer abgeben musste, bevor auch er starb. Viel zu spät realisierte ich, dass ich in meinen Funktionen anderen beistand, sie unterstützte, ihnen half, wenn sie schwere Verluste hinnehmen mussten, meine eigene Trauer aber ignorierte und daher nicht bewältigen konnte. Die Trauer über den Verlust von Menschen, allerdings auch die Trauer über den Verlust meiner Hunde. Ich war unfähig, Glück zu empfinden, konnte aber auch mein Unglück nicht respektieren und diesem Gefühl angemessen begegnen. Nachdem Wodan bei einem Verkehrsunfall ums Leben gekommen war, starb auch sein Vater Tasso unter tragischen Umständen an einer Magendrehung, die im Tierspital falsch oder vielmehr mit grosser Verzögerung behandelt worden war. Wie immer, wenn ich einen Hund verlor, fühlte ich mich monatelang schrecklich und litt übermässig. Ein Jahr später tapste Zora, ein Rauhaardackel, in unser Leben. Sie war die Kleinste des gesamten Wurfes. Der Züchter ermunterte mich, ein kräftigeres Tier auszuwählen, doch ich wollte nur eine und vor allem: Zora wollte zu mir. Als acht Wochen alter Welpe nahm ich sie auf. Sie war eigensinnig, frech und mit einem starken Charakter gesegnet. Ich liebte sie vom ersten Augenblick an. Meine anderen Hunde waren sogenannte Einmann-Hunde gewesen, Zora war ganz einfach ein Dackel. Als ich mit ihr die Prüfung für Jagdhunde ablegte, schüttete es in Strömen. Die Dackeldame mit ihren kurzen Beinchen schwamm beinahe davon, hielt sich aber tapfer und bestand die Prüfung als einzige der Gruppe. Sie war eine Kämpferin und ein Sonnenschein. Privat anhänglich und sehr lieb, konnte sie auf der Jagd unerbittlich sein. Als sogenannter Nachsuchehund gehorchte sie mir aufs Wort und im Wald konnte ich sie ohne Leine problemlos frei laufen lassen. Auf der Jagd wachsen Hund und Mensch natürlich sehr eng zusammen. Es ist eine Symbiose, denn der eine kann ohne den anderen nur schlecht funktionieren. Heute existiert meist nur noch ein einziger Hund pro Revier, der auch bei Unfällen eingesetzt wird, wenn es verletztes Wild aufzustöbern gilt. Mit Zora war ich stundenlang im Freien, konnte mich entspannen und Ruhe finden. Sie stellte unter Beweis, was mir alle meine Hunde gaben, spürte, bevor ich es bemerkte, wenn es mir schlecht ging, vermittelten mir Liebe, Trost und Vertrauen. Zora war auch der erste gemeinsame Hund von Theres und mir. Meine Partnerin liebte unseren Sonnenschein genauso wie ich. Er durfte schliesslich 16 Jahre alt werden.

Nach rund sieben Jahren bezogen Theres und ich eine gemeinsame Wohnung. Als sozialer Mensch, der immer mit anderen zusammengelebt hat, war der Umstand, gemeinsam unter einem Dach zu leben, für meine Partnerin normal. Für mich bedeutete die neue Situation – so sehr ich den gemeinsamen Alltag genoss – manche Umstellungen: Rücksicht nehmen, gemeinsame Routinen finden, Konflikten ausgesetzt zu sein. Meine schweren Bauernmöbel dominierten den Einrichtungsstil und irgendwie auch meine Gefühlswelt, denn diese Dinge begleiteten mich bereits fast ein Leben lang. Mit ihnen verband ich gute, aber auch schlechte Zeiten. Was ich damals nicht realisierte: Im Zentrum der Möblierung stand das Kästchen aus dem Büro meiner Mutter, das sie mir schenkte, nachdem sie in Pension gegangen war. Es war kleiner als der mächtige Schrank und der ausladende Tisch, dennoch bestimmte es die Atmosphäre. In all den Jahren sah ich den jugendlichen Mörder, der den Freier in einer Affekthandlung mit einer Hantel erschlagen hatte, auf diesem Möbel sitzen – so, wie er es in der Firma meiner Mutter oft getan hatte. Fast dreissig Jahre waren seither vergangen. Ich war alles andere als esoterisch veranlagt, aber diese Energie, vor allem aber auch die Erinnerungen an Mutter, blieb in der kleinen Kommode gefangen.

Wie auch immer: Die Kinder meiner Partnerin waren nun erwachsen und gut geraten und materiell ging es uns ausgezeichnet. Die Begeisterung für ferne Länder teilten Theres und ich. Zusammen bereisten wir Burma, Thailand und bald sollte uns eine sechswöchige Reise durch die USA führen. Gemeinsam lernten wir die Welt kennen. Es war eine wunderbare Zeit und ich kehrte jeweils gestärkt in meinen Berufsalltag zurück. Als Chef wirkte ich in den folgenden Jahren auch bei der Reorganisation des Bestattungsamtes mit und konnte aufgrund meiner umfassenden Kenntnisse, die ich mir in Weiterbildungen angeeignet hatte, kompetent und auf die Zukunft fokussiert viele Projekte umsetzen. Unter meiner Führung konnte die Medienarbeit verbessert werden und auch ein Marketingkonzept, das der Neuzeit entsprach, wurde umgesetzt. Als ich mich mit den Emissionen der Krematorien befasste, bezog ich die gesellschaftlichen Auseinandersetzungen mit dem Thema in meine Schlussfolgerungen mit ein. Eine wirtschaftliche Gesamtanalyse, die das Amt betraf, verschaffte zudem betriebswirtschaftliche Erkenntnisse. Zudem: Anfänglich arbeiteten wir noch mit Mikrofichen, doch moderne technische Möglichkeiten wollten implementiert und genutzt werden. Ich übernahm das EDV-Projektmanagement, sorgte für die Einführung von elektronischer Textverarbeitung, Adress- und Personalverwaltung und organisierte die entsprechenden EDV-Schulungen für die Mitarbeitenden. Der Zentralsekretär formulierte es in einem späteren

Schreiben an den Stadtpräsidenten folgendermassen: Die durchgeführte Reorganisation des Amtes sei meinen überdurchschnittlichen Leistungen zuzuschreiben.

In der Zwischenzeit amtete seit fast zehn Jahren ein SP-Mann als Stadtpräsident, was zur Folge hatte, dass auch seine Parteikollegen Karriere machten. Meine Stellvertreterin vertrat eine sozialdemokratische Haltung und behandelte – so entsprach es meiner Erfahrung – politisch anders gesinnte Menschen mit Abneigung. Kurz: Die Zeiten wurden gegen Ende des letzten Jahrtausends schwieriger, was mich nicht davon abhielt, eine Herzensidee umsetzen zu wollen – ein Bestattungsmuseum. Es sollte Tod und Vergänglichkeit thematisieren und gleichzeitig aufzeigen, dass diese dem Zeitgeist ebenso unterworfen sind wie die Themen des übrigen Lebens. Originalobjekte aus der Bestattungskultur, die ich seit Langem sammelte, ebenso wie rund dreihundert Bücher zum Thema, aber auch Informationen zu den prominenten Verstorbenen auf den jeweiligen Friedhöfen, skurrile Rituale aus der Vergangenheit sowie interessante Zahlen und Fakten, die bis in die Neuzeit reichen, sollten das Museum zu einem kurzweiligen Ort machen. Professor Albert Hauser, ein angesehener Historiker, hatte mir bereits seine Mitarbeit zugesagt. Das Projekt wurde später leider aus Kostengründen abgelehnt, in der Zwischenzeit aber wieder aufgenommen und umgesetzt.

Feinde der Menschheit

Beruflich wie privat hatte sich vieles eingependelt, der Lebensweg war nicht mehr verschlungen und unberechenbar, laut und gewalttätig, sondern so, wie ich es mir wünschte: gerade und ruhig. Doch es sollte einmal mehr nicht für immer so bleiben.
Der 17. November 1997 war ein früher Wintertag. Viele Weihnachtsbeleuchtungen waren bereits installiert, die Auslagen der Schaufenster präsentierten sich üppig dekoriert, wie ich auf dem kurzen Fussmarsch zum Arbeitsplatz feststellen konnte. In der kalten Morgenluft befasste ich mich vielleicht mit den Aufgaben des Tages, die auf mich warteten, vielleicht aber auch mit der alljährlichen Planung des Festessens, das ich Theres und den Kindern jeweils kredenzte. Da es bis zu sieben Gänge umfasste und mein Können und meine Kreativität als Koch gefragt waren, bedurfte der Festschmaus einer akribischen Planung und die frühzeitige Auswahl der Speisen gehörte dabei zu unseren weihnächtlichen Ritualen. Im Büro begrüsste ich wie jeden Tag meine Sekretärin, erledigte Alltägliches, ass eine Kleinigkeit zu Mittag, gönnte mir einen starken Espresso. Smartphones waren damals noch nicht üblich, Neuigkeiten erfuhr man am Abend aus den TV-Nachrichten oder am nächsten Tag aus der Zeitung, und so wusste ich nicht, dass sich in den vorangegangenen ruhigen Stunden meines Daseins im fernen Ägypten ein unvorstellbares Massaker ereignet hatte. Als das Telefon klingelte, nahm ich nichtsahnend ab. Ein ehemaliger Kollege der Kantonspolizei war am Apparat. Ich wusste, dass er für Katastrophenfälle verantwortlich war. Seine zackigen Worte – «Attentat in Luxor, kannst du fünfzig Särge liefern?» – bejahte ich und bald erfuhr ich mehr über das grauenhafte Verbrechen. Mit automatischen Gewehren und Messern bewaffnete und als Polizisten verkleidete Terroristen hatten den Hatschepsut-Tempel am Westufer des Nils gestürmt und die anwesenden Touristen massakriert. 58 Besucherinnen und Besucher wurden hingerichtet, darunter 36 Schweizerinnen und Schweizer. Die Worte des damaligen Bundespräsidenten Arnold Koller sprachen mir aus dem Her-

zen: «Wer auf solch abscheuliche Weise Leben auslöscht, macht sich zum Feind der ganzen Menschheit.» Die Tatsache, dass sich die Terroristen später selbst umbrachten, änderte wenig an dieser Katastrophe. Ich war schockiert, musste mich aber sofort um das Organisatorische kümmern. Das Wichtigste war, dass alle Leichen so schnell wie möglich in die Schweiz zurückgebracht werden konnten. Unser Vertrauen in die ägyptischen Behörden war klein, vielleicht zu Unrecht, aber wir wussten nicht, wie sie mit den sterblichen Überresten unserer Landsleute umgehen würden. Die schweizerische Bestimmung lautete, dass verstorbene Menschen nur in versiegelten Zinksärgen in die Schweiz eingeführt werden dürfen, doch die damalige Justizministerin Ruth Dreifuss änderte die entsprechende Verordnung sofort und so gelangten die Toten in massiven Holzsärgen in ihre Heimat zurück. Es fehlte an einer geeigneten Infrastruktur und einem Dispositiv, das das Weitere geregelt hätte, und vieles verlief etwas chaotisch. Ich wusste: Die Identifikation der Menschen muss geordnet und akribisch verlaufen. Ich sorgte für die Aufbahrung aller Verstorbenen in einer Flugzeughalle in Kloten, bevor sie ins Krematorium Nordheim überführt wurden. Die Gerichtsmediziner kamen zum Zug. Die Opfer waren derart schwerwiegend malträtiert worden, dass ihre Identifikation teilweise nur noch über die Zähne möglich war. Bei der weiteren Arbeit ging es darum, die Verstorbenen so herzurichten, dass sich die Angehörigen von ihnen verabschieden konnten. Aus der Trauerbegleitung weiss man, dass der Abschied am offenen Sarg wichtig sein kann, damit die Hinterbliebenen das Unfassbare akzeptieren können, was der späteren Bewältigung des Schicksalsschlages dienen kann. Normalerweise kümmert sich der Bestatter um die hygienische Vorbereitung, wozu auch das Waschen, das Schminken und Kämmen sowie das Anlegen der Totenkleidung gehören. In der Regel ist diese einfache Versorgung für eine offene Aufbahrung ausreichend. Anders verhält es sich bei schwer entstellten Verstorbenen. Die spezialisierte Arbeit der sogenannten Thanatologen erfordert hohes Können im Bereich der Wiederherstellung. Durch spezielle

Kosmetik, Restaurierung oder Rekonstruktion fehlender Körperteile kann es gelingen, den Verstorbenen ein ansprechendes Erscheinungsbild zu verleihen. Aber in manchen Fällen – vor allem bei schweren Unfällen und manchen Suiziden – kann doch nur noch eine Hand oder ein anderer intakter Körperteil gezeigt werden. Die in Ägypten getöteten Opfer wiesen verheerende Verletzungen im Gesicht und am Körper auf. Nichts war den Terroristen heilig gewesen, vor nichts schreckten sie auf ihrer kranken und fanatischen Mission zurück. Sie massakrierten unschuldige Menschen mit Macheten derart brutal, dass sogar erfahrene Bestatter an ihre Grenzen gelangten und die Aufgaben aus psychischen Gründen nicht verrichten konnten. Doch die Arbeit musste getan werden, das waren wir den am Boden zerstörten Hinterbliebenen schuldig. Ich sprang einmal mehr in die Bresche. Allerdings verfügte ich auch über eine Ausbildung in der sogenannten Nahttechnik, die bei schweren Schnittverletzungen oder solchen, die mit Hackbeilen oder eben Macheten zugefügt wurden, zum Zug kommt, wobei offene Wunden mit einer feinen, inneren Naht verschlossen werden. Ich übernahm diese ebenso wichtige wie furchtbare Aufgabe, sah sie als Dienst an den Menschen, als Hilfeleistung, die ich den Verstorbenen, aber auch den Lebenden schuldig war. Es war eine übermenschliche Anstrengung, wie ich heute weiss. Jemand hätte mich stoppen müssen. Doch das geschah nicht. Die Toten: erschossen, zerhackt, gequält. 36 Menschen. 36 ausgelöschte Leben. Ich war allein mit ihnen, die Ruhe war umfassend und meine Trauer ebenfalls. Wie in Trance verrichtete ich meine Arbeit, verwandelte unglaubliches Grauen in umgekehrte Nähte, die nicht mehr viel über die erlittenen Qualen und die Todesangst erzählten. Ich sah den Menschen an, was sie in den letzten Minuten durchmachen mussten, es war in ihren Zügen verewigt, denn der Tod fand nicht in Ruhe und Frieden statt, sondern in unmenschlicher Angst und schrecklicher Gewaltanwendung. Niemand ist auf ein solches Verbrechen und die unmittelbaren Konsequenzen vorbereitet. Es fehlte nicht an einer geeigneten Infrastruktur im Krematorium Nordheim. Diese wurde noch nie in Betrieb genommen – das änderte ich nun. Die Zeit drängte und so kam ich meiner Aufgabe nach, die Menschen so herzurichten, dass ihre Angehörigen bei ihrem Anblick nicht für immer traumatisiert sein würden. 36 Menschen. 36 Körper. 36 Gesichter. Ich trat in das Reich der Toten ein. Als ich diese Welt nach einer Woche wieder verlassen musste, war ich am Boden zerstört, fand es schwierig, im Alltag wieder Tritt zu fassen und zur Normalität überzugehen. Für meine Beamten, die unter den belastenden Ereignissen litten, organisierte ich ein professionelles Debriefing. Als ich dieses dann durchführen wollte und einen entsprechenden Antrag lancierte, lautet die kurze Antwort des damaligen Stadtpräsidenten: «Das brauchen Ihre Leute nicht.» Im Rahmen der Ereignisse von Luxor organisierte die Kantonspolizei ein sogenanntes Debriefing mit einem einzigen Psychologen für rund achtzig Teilnehmende. Es brachte natürlich nichts und bei dieser Gelegenheit traf ich auf jenen Chef der Kriminalpolizei, der mir in der Sachfahndung das Leben derart schwer gemacht hatte, dass ich schliesslich den Dienst quittierte. Jovial kam er auf mich zu. Da ich ihm in der Hierarchie nun gleichgestellt war, meinte er, mich duzen zu dürfen. Ich empfand sein Verhalten als heuchlerisch und wies ihn förmlich zurecht: «Für Sie bin ich immer noch Herr Erni.» Ich weiss nicht, warum mir solche Details in Erinnerung blieben. Rückblickend muss es in mir bereits gearbeitet haben. Die Brutalität und die Sinnlosigkeit des Massakers von Luxor wirkten in mir nach, schoben still und heimlich etwas an, das bisher unter Kontrolle gehalten werden konnte.

Die Feigheit, mit der die Terroristen vorgegangen waren, widersprach meinem Gerechtigkeitssinn, ebenso wie die Tatsache, dass die Drahtzieher nie zur Rechenschaft gezogen wurden. Über die Schweizer Regierung äusserten sich die Angehörigen später enttäuscht. Ein Hilfs- oder Betreuungsangebot sei ausgeblieben, Schadensersatz sei durch die ägyptische Regierung nie geleistet worden und bereits drei Jahre nach dem Attentat schloss die Schweizer Regierung das Luxor-Dossier auf eigene

Initiative, wovon die Hinterbliebenen aus den Medien erfuhren. In einem Buch untersuchte Felix E. Müller, der ehemalige Chefredaktor der NZZ, die Hintergründe des Attentats, aber auch die Herkunft und Motive der Täter und stellte fest, dass unzureichende Sicherheitsempfehlungen oder Warnungen für Reisende schreckliche Konsequenzen haben können. So wie im Fall von Luxor. Die Katastrophe war das Resultat vieler Faktoren, von Fanatismus und menschlicher Bösartigkeit in ihrer schlimmsten Form, aber auch eine Konsequenz menschlicher Gier. Auf die Touristen als Devisenbringer wollte man nämlich nicht verzichten. Man liess sie sich in falscher Sicherheit wähnen und nahm praktisch billigend in Kauf, dass es eines Tages zu einem Massenmord kommen würde.

Schweigen

Das Massaker, die verletzten und verstümmelten Menschen: Noch ahnte ich nicht, dass die Folgen des Attentats von Luxor mich emotional und körperlich an die Grenzen brachten, dass es sprichwörtlich jener Tropfen war, der das Fass zum Überlaufen bringt. Genau wie Wodan, der im dem Jahr starb, als sich das Drama um Peter Spitzer ereignete, verlor ich Zora im Jahr des Massakers von Luxor. Wodan, Tasso, Zora: Sie gaben mir alles. Hunde können die Menschen gut einschätzen. Sie verstanden mich und im weitesten Sinn auch meine Vergangenheit ohne Worte. Sie liebten mich so, wie ich bin. Meine Hunde vermittelten mir Wärme, sorgten für Ablenkung, motivierten mich in vielen Situationen, waren meine Seelenverwandten. Sie gaben mir, was ich in Menschen weniger fand. Ich vermisste Zora wahnsinnig und so kam nach einem Trauerjahr Chili zu uns, doch die vielen Monate ohne Unterstützung durch einen Vierbeiner bleiben mir als ausgesprochen schwierig in Erinnerung. Ohne Pause kehrte ich in den Berufsalltag zurück, so wie ich es nach persönlichen Katastrophen immer tat. Schwere Belastungen zeigten sich bei mir schon immer darin, dass ich ruhig wurde und nicht mehr viel sprach. Ich litt unter Appetitlosigkeit – ein schlechtes Zeichen, wie ich heute weiss, denn das Essen und die Zubereitung von Lebensmitteln blieben in meinem Leben wichtig. Ich kaufte ein, plante, organisierte. Ich nahm die Mise en Place vor, um Gemüse, Fleisch, Kräuter, Knoblauch, Frühlingszwiebeln und Pilze punktgenau zu elaborierten Gerichten zu verarbeiten. Vorratskeller und Kühlschrank sind bei mir normalerweise gut gefüllt und die Angewohnheit, viel zu viel zu kochen, behielt ich ebenfalls lange bei. Doch nun ass ich am Mittag nur noch einen Apfel und am Abend eine Kleinigkeit. Gleichzeitig arbeitete ich wahnsinnig viel, erinnere mich aber nur noch schlecht an die folgenden zwölf Monate, in denen auch ein umfassendes Werk mit dem Titel «Wo Zürich zur Ruhe kommt» entstand, in das ich mit meinen Leuten involviert war. Das Buch zeigte, dass Friedhöfe Inseln der Besinnlichkeit und Ruhe sind, Orte, die

Vergänglichkeit und gleichzeitig Beständigkeit ausstrahlen und für die Menschen nicht nur Ruhestätten für die Toten sind, sondern auch Stätten der Ruhe für die Lebenden. Nach dem Stadtpräsidenten schrieb ich das zweite Vorwort, das mit den Worten endete: «Bei der Bestattungs- und Friedhofskultur geht es um die letzten Dinge, um das menschlich Anspruchsvollste überhaupt. Diese Erkenntnis sollte uns alles fordern – mit Worten und mit Taten.»

Ich arbeitete weiterhin wahnsinnig viel, verlor nicht nur an Gewicht, sondern auch an Energie und geriet in einen diffusen Zustand. Das berufliche Umfeld stellte vermutlich Veränderungen fest, doch ich war der oberste Chef, und so getraute sich wohl niemand, mich anzusprechen oder mich zu ermahnen, besser auf meine Gesundheit zu achten. Im Nachhinein betrachtet rückte ich von mir selbst ab und entfernte mich von der Welt. Als wäre ich zwei Menschen. Der eine arbeitet und funktioniert, der andere ist nicht da, abwesend. Als würde ich durch den Nebel laufen, nicht wissend, was mich auf meinem Weg erwartet und wo mich dieser hinführt. Irgendwann konnte ich nicht mehr Gegensteuer geben oder Strategien der Entlastung verfolgen. Innerlich irrte ich durch unwegsames Gelände, während ich äusserlich tipptopp gekleidet meinen Aufgaben nachging. Reden, mich äussern, mich einem anderen anvertrauen, das konnte ich nicht, und rückblickend fühlte ich mich in dieser Zeit abermals machtlos und wehrlos. Wie damals, als ich ein Kind war, geschah etwas mit mir, ohne dass ich reagieren konnte, worauf ich in einen dunklen Strudel geraten sollte, der mich unerbittlich in die Tiefe riss. Beruflich wurden die Zeiten sehr schwierig. Kumpaneien und politische Ränkespiele führten dazu, dass ich weitere Reorganisationen nicht durchführen konnte, ausgebremst wurde, und zwar meiner Meinung nach aus dem einfachen Grund, weil ich politisch nicht auf derselben Linie stand wie der Stadtpräsident und meine Stellvertreterin. Sie war mir – ohne dass ich jemals Zeugnisse oder eine Bewerbung gesehen hatte – vor die Nase gesetzt worden und wurde in meiner Wahrnehmung durch den obersten Zürcher Stadtpolitiker gestützt. Als fatal sollte sich herausstellen: Manche Menschen wittern, wenn ein anderer geschwächt ist, und nutzen eine solche Situation zu ihren Gunsten aus.

Mein angeschlagener körperlicher Zustand führte mich irgendwann zu meinem Hausarzt. Ich ging davon aus, dass mich dieser schnell wieder «reparieren» kann. Ein EKG, ein paar Medikamente und ich könnte mich meinen Widersachern entgegenstellen, so dachte ich damals. Doch Wochen zogen ins Land, ohne, dass sich mein Zustand verbesserte. Mein Hausarzt riet mir zu einer psychologischen Behandlung. Bereits damals fühlte ich mich im Setting einer Praxis ausgesprochen unwohl. Ich hätte mich hinsetzen und auf Knopfdruck reden müssen. Mit einer mir komplett fremden Person. Über Schreckliches, das ich bei der Polizei und auf dem Bestattungsamt erlebt hatte, denn darin erkannte ich damals die Gründe für meine schlechte Verfassung. Tisch. Stuhl. Mir gegenüber sass ein Mann, der mir unsympathisch war. Seine Fragen blieben an der Oberfläche hängen, das Interesse an mir war nicht vorhanden. Ich fühlte mich als Nummer, als einer von zig Patienten, die an einem Tag durchgeschleust werden müssen. Nach vierzig Minuten wurde der Psychologe unruhig und beendete die Sitzung mitten im Satz. Der nächste bitte. Mir verschlug es die Sprache – oder muss man eher sagen, man konnte mich nicht zum Reden bringen? Auch beim zweiten und beim dritten, beim vierten und fünften Psychologen klappte meine Behandlung nicht. Sie gaben mir Medikamente. Mir ging es immer schlechter. Ich erinnere mich an Herzrasen und Schwitzen, körperliche Symptome, die neu waren. Und dann kehrten die Albträume zurück. Kochendes Wasser. Feuer. Hände. Ein in vier Stücke geteiltes Baby. Eine Leiche im Sumpf und eine andere, die im Keller versteckt war und heimlich weggeschafft werden musste. Das dominierte die furchtbaren Nächte. Ein wiederkehrender Traum löste Emotionen aus, die bisher verschüttet waren: Ich wurde in einem Verlies festgehalten, war angekettet. Jemand schlug und misshandelte mich schwer. Mit den Füssen versuchte ich, die Misshandlungen abzuwehren, was andere Verletzungen zur Folge hatte. Wahnsinnige Angst, Entsetzen und Gefühle der Ohnmacht liessen mich schweissgebadet erwachen. In den folgenden Stunden drehten sich jeweils tausend Gedanken und Bilder in meinem Kopf. Anschliessend füllte ich ganze Notizbücher zu meinem bisherigen Leben mit Stichwörtern. Namen. Unglücken. Toten. Verstümmelten. Ermordeten. Misshandelten. Komplett erschöpft kam ich tagsüber meinen Aufgaben nach und gleichzeitig verspürte ich nun eine innere Hektik, die mir den Schlaf komplett raubte. Bald litt ich unter starken Angstgefühlen und eine allumfassende Verzweiflung gewann die Macht über mich.

Stiess ich in der Zeitung auf Todesanzeigen, dachte ich: «Sie haben es wenigstens hinter sich.» Bereits zwei Mal in meinem Leben erschien mir der Suizid als möglicher Ausstieg, nun betrachtete ich den Tod abermals als Ende aller Schmerzen und Qualen. Wer so etwas noch nie erlebt hat, kann sich nur schwer vorstellen, welche Kraft die Verzweiflung haben kann, wohin sie einen zieht, wozu sie uns bringt und welch scheinbare Freiheit mit dem Ende verbunden sein kann. Meine Verzweiflung lässt sich kaum in Worte fassen. Sie verhinderte die Vernunft. Sie verhinderte das Denken. Ich war bereit, alles zu unternehmen, um diesen in so vielen Facetten quälenden und fulminanten Zustand auszulöschen, denn so kann kein Mensch leben. Chili bewahrte mich damals vom Schlimmsten. Sie besass eine magische Ausstrahlung und gab mir in den dunkelsten Stunden so viel. Für ihre Fürsorge werde ich ihr immer dankbar sein. Sonst sprang sie nie auf das Bett, doch nun schmiegte sie sich an mich, der tagelang reglos auf dem Bett lag, und gab mir zu verstehen, dass sie mich brauchte. In den harten Monaten, die hinter mir lagen, fand ich in diesem kleinen Fellbündel, für das ich verantwortlich war, die Motivation, um meine nun beinahe zwanghaften Gedanken, wie ich mein Leben beenden könnte, nicht in die Tat umzusetzen. In diesem Zustand forderte mich mein abermals konsultierter Hausarzt mit Nachdruck auf, mich sofort in stationäre Behandlung zu begeben. Ich folgte seinem Rat widerwillig, jedoch in der Vorahnung, dass meine unfreiwillige Einweisung nur noch eine Frage der Zeit sein würde.

Dieser Schritt erwies sich dennoch als ausgesprochen schwierig für mich. Ich schämte mich. Vor mir selber. Und vor den anderen. Jetzt spinnt er wieder. Jetzt war ich tatsächlich ein Fall für die Spinnwinde. Einer, der es nicht mehr schafft, seine Probleme selbst zu lösen. Ich erinnere mich, wie ich vor dem Eingang der psychiatrischen Klinik stand, zögerte und dann doch durch die Drehtür trat. Ich dachte: «Entweder überlebe ich oder dann halt nicht.» Es war mir egal und trotzdem – so denke ich rückblickend – wollte ich leben und begab mich aus diesem Grund in professionelle Behandlung. Die erste Zeit in der Psychiatrie bleibt mir verschwommen in Erinnerung. Beim Eintritt ist man nicht urteilsfähig, die Krise, in der man sich befindet, und Medikamente, die man bereits einnimmt, führten dazu, dass ich nicht einmal die Frage beantworten konnte, ob ich ein Glas Wasser möchte. Man ist unfähig, Entscheidungen zu treffen. Was ich erst viel später realisierte: Auch meine Sehkraft war zu diesem Zeitpunkt bereits seit Längerem eingeschränkt. Der Geruchssinn und das Gehör ebenfalls. Gefangen in mir selbst hörte ich die Vögel im Wald nicht mehr singen und auch den Wechsel der Jahreszeiten registrierte ich nicht mehr. Nach dem Eintrittsgespräch, bei dem ich nur Bahnhof verstand, bezog ich als Privatpatient ein Einzelzimmer. Ich war unfähig, ein Buch zu lesen oder eine Sendung im Fernsehen zu verfolgen. Man beobachtete mich. Zweimal fragte mich ein Mensch, ob er etwas für mich tun könne. Ich lehnte dankend ab. Trotzdem entsprachen mir manche Routinen im Klinikalltag und gleichzeitig fand ich meinen eigenen Rhythmus. Das Hallenbad mit seinem feuchtwarmen Klima wurde mein Erholungsraum. Ich lag tagein tagaus auf dem Liegestuhl und schlief jeden Tag sechzehn Stunden lang. Die anderen Patienten besuchten Therapien: malen, singen, reden. Ich wollte nicht. Mich begleitete die irrationale

Angst, dass die Experten aus meinen Zeichnungen zu viel über mein Leben und über mich erfahren oder sie mich falsch einschätzen könnten. Ich wollte als Beobachter, nicht als Teilnehmer dazugehören und äusserte mich auch bei anderen Gelegenheiten sarkastisch zu Aktivitäten wie Papierfiguren ausschneiden oder dem Musizieren mit Hölzchen. Irgendwann willigte ich ein, einen Zirkel zu besuchen, denn ich wusste, dass dort das Buch «Die Mitte fühlt sich leicht an» des Therapeuten Bert Hellinger vorgelesen wurde. Über persönliche Probleme wurde dabei nicht gesprochen.

Nach vielen Tests und weiteren rätselhaften Fragen, die ich über mich ergehen liess, sprachen die Ärzte von einem «Burnout» und an dieser Diagnose hielten sie mehr oder weniger die nächsten zehn Jahre fest. Sicher war ich kein Traumpatient. Aufgrund meiner Kindheitsgeschichte hätte ich eine väterliche, männliche Bezugsperson benötigt. Die Gespräche mit unter 30-jährigen Psychiaterinnen, die, es liegt in der Natur der Sache, unerfahren waren und zudem immer wieder wechselten, brachten nichts. Ich war verschlossen und auch unfähig, mich in Gruppentherapien zu engagieren oder bei gemeinsamen Gesprächssitzungen mitzumachen. Sinn und Zweck des langen Aufenthaltes erschlossen sich mir also nicht wirklich. In meiner damaligen Sicht erkannte ich im exklusiven Privatrahmen so etwas wie einen Wellness-Urlaub für ins Trudeln geratene Menschen, die möglichst schnell wieder fit gemacht werden wollen. Bereits bei meinem ersten Aufenthalt – so steht es im damaligen Austrittsbericht – soll ich den Wunsch geäussert haben, über die Gewalttätigkeit in meiner Kindheit zu sprechen. Daran erinnere ich mich nicht und auch nicht an die weiterführenden Gespräche, die mich – so steht es ebenfalls in diesem Bericht – in depressive Zustände geführt haben sollen. Von verschiedenen Störungen und abhängigen Verhaltensweisen war die Rede, von der Bereitschaft zur Aufopferung, Selbstvorwürfen, einer sozialen Phobie und vor allem von einer ausgesprochenen Redehemmung. Bei diesem Aufenthalt war ich durch die zusätzlich verordneten Medikamente derart zugedröhnt, dass ich mich verbal sowieso kaum äussern konnte, Termine vergass oder verwechselte, sodass die versuchte Gesprächstherapie wohl auch aus diesen Gründen scheiterte. Erst als meine Medikamente angepasst wurden, kam das Denken langsam zurück. Die geistige und seelische Regeneration war irgendwann ebenfalls spürbar, und irgendwelche Pillen bewirkten das Wunder, dass meine chaotische und verzweifelte Gefühlswelt unter Kontrolle gebracht werden konnte. Nach einigen Wochen stellten die Ärzte fest, man habe eine bessere Selbstwahrnehmung erreicht und auch eine kommunikative Öffnung sei erfolgt. Diese Verbesserungen waren mir entgangen, dennoch sah ich es positiv. Mein Ziel, so schnell wie möglich ins Berufsleben zurückzukehren, rückte in greifbare Nähe. In den folgenden Wochen besuchte ich anstelle der Therapien jeden Tag die hausinterne Sauna und schwitze bildhaft gesprochen allen Dreck aus mir heraus. Glaubte ich zumindest. Bald durfte ich über das Wochenende nach Hause gehen.

Ich schämte mich weiterhin für meinen Aufenthalt in der Psychiatrie. Eine Nachbarin, die als besonders neugierig bekannt war und auch als «Dorftelefon» bezeichnet wurde, stand bei meiner Rückkehr auf der Terrasse, wie ich von Weitem erkennen konnte. Ich nahm einen grossen Umweg in Kauf, um der Klatschtante nicht zu begegnen, denn aufsässige Fragen wären nicht ausgeblieben und mit Sicherheit hätte drei Stunden später die ganze Gemeinde gewusst: «Der Erni hat Ferien von der Spinnwinde!» Der Gedanke, dass andere Menschen Empathie für meine Situation aufbringen könnten, war mir fremd. Tatsächlich fand ich wenig Unterstützung und Anteilnahme, was im Nachhinein betrachtet aber auch durch mein Verhalten verhindert wurde, da ich meine Krankheit nicht thematisierte und einfach so schnell wie möglich wieder normal sein wollte. Nach einer Ewigkeit, wie es mir schien, durfte ich die Klinik schliesslich verlassen. Es ging mir besser. Ich wollte zurück in den Job. Wollte wieder tüchtig und leistungsfähig sein: ein wertvolles Mitglied dieser Gesellschaft!

Ich kehrte in meinen Alltag zurück. Doch dieser Aufenthalt dauerte nur zwei Tage. In der Klinik hatte ich zu anderen Patienten keinen Zugang gefunden, nur einer wurde zu einem guten Kollegen: Alois*. Obwohl er viel jünger war als ich, stimmte die Chemie. Wir befanden uns auf der gleichen Wellenlänge, sprachen nicht wie die anderen ausschliesslich über unsere Krankheiten, sondern über Bücher, das Weltgeschehen und vieles mehr. Im Nachhinein betrachtet formten wir fast so etwas wie eine Schicksalsgemeinschaft, verbrachten jeden Tag viele Stunden zusammen, lernten uns gut kennen und hatten, was anderen Freunden oft verwehrt bleibt: Ruhe sowie massenhaft Zeit. Ich erfuhr von seiner Heroinabhängigkeit und auch, dass er als Strichjunge gearbeitet hatte, um die Sucht zu finanzieren. Er war klug, interessiert und in meiner Wahrnehmung auf seine Art und Weise auch ein in sich ruhender Mensch. Ich war bestimmt zwanzig Jahre älter als er. Einmal bat er mich, an einer Familienaufstellung teilzunehmen. Ich erfuhr Sinn und Zweck: In einer Gruppenaufstellung werden sogenannte Stellvertreter für sich und meistens auch für Familienmitglieder nach dem inneren Bild aufgestellt, was eine neue Sicht auf sich selbst und die eigenen Anliegen möglich machen soll. Die partizipierenden Personen können interessante Hinweise eines Systems erfühlen, ausdrücken und durch solche und andere Interaktionen kann ein heilsamer und lösender Prozess in Gang gesetzt werden. Ich willigte ein und kam auch Alois' Wunsch nach, die Rolle seines Vaters einzunehmen. Er wies mir die Position zu. Ich stand hinter ihm auf der linken Seite. Er bat mich, ihm eine Hand auf die Schulter zu legen. Wir beide spürten die Energie dieser Aufstellung, die in Anwesenheit eines Experten stattfand, der das Erlebte in einem abschliessenden Gespräch thematisierte. Es war eine interessante Erfahrung und fortan waren Alois und ich noch enger verbunden. Schweren Herzens mussten wir uns am Tag meines Austrittes voneinander verabschieden und versprachen einander, in Kontakt zu bleiben.

Ich war erst seit zwei Tagen wieder zu Hause, als das Telefon klingelte. Eine ehemalige Mitpatientin informierte mich über den Tod meines Freundes. Die Worte «gestorben» und «Suizid» dröhnten in meinen Ohren, bevor ich einen Nervenzusammenbruch erlitt, der sich in einem lang dauernden Schreikrampf äusserte. So etwas hatte ich noch nie nur annähernd erlebt. Ich schrie und schrie, konnte einfach nicht mehr aufhören. Die Tochter von Theres war anwesend, versuchte mich zu trösten, nahm mich in den Arm. Ich spürte nicht nur psychischen, sondern auch physischen Schmerz, war ausser mir und konnte mich nicht beruhigen, worauf mich mein Hausarzt notfallmässig in eine weitere private psychiatrische Klinik überwies.

Das Thema Suizid hatte mich auf eine Art und Weise eingeholt, mit der ich nicht gerechnet hatte. Nun stand ich auf der anderen Seite. Der Schmerz und die Verzweiflung, die der freiwillige Tod eines Menschen für andere bedeuten, schlugen mich mit voller Kraft nieder. Heute vermute ich, dass ich damals nicht als Freund und Kollege reagierte, sondern in der mir Wochen zuvor zugewiesenen Rolle als Vater von Alois. Ich reagierte extrem, spürte förmlich, wie mir die Lebensenergie abermals abhandenkam. Anfänglich war ich überzeugt davon, dass mein Weggang aus der Klinik seinen Selbstmord bewirkt oder zumindest angetrieben hat. Wäre ich geblieben, hätte unsere Verbundenheit Alois gerettet. In meiner damaligen Denkweise hatte ich meine Verantwortung und Fürsorgepflicht vernachlässigt. Ich war schuldig. Nicht zum ersten Mal in meinem Leben, denn ich war auch weiterhin der Meinung, dass ich mein Leben für Peter Spitzer hätte geben müssen. Dass dies in der damaligen Situation gar nicht möglich war, änderte nichts an meinen Gefühlen. Das Thema Suizid blieb auch bei mir ein Thema. Der Drang, mein Leben zu beenden, flammte immer wieder auf und war ursprünglich auch der Grund gewesen, weshalb ich professionelle Unterstützung suchen musste. Dass ich weitere zehn Jahre lang in Kliniken ein- und ausgehen würde, bald 21 verschiedene Medikamente einnehmen musste, sich niemand für die wahren Gründe meines Zusammenbruchs interessierte und mich niemand motivieren konnte, meine Redehemmung zu überwinden, wusste ich nicht, als mich der Tod meines Freundes erneut zu Boden warf. Damals machte ich auch zum ersten Mal die Erfahrung: Wenn man sich psychisch in einer Krise befindet oder noch geschwächt eben erst aus einer solchen hervorgegangen ist, reichen einzelne Episoden, um eine übermässige Verzweiflung auszulösen, die unberechenbare Folgen haben kann. Der Gedanke, dass ich überleben könnte, war bei mir trotzdem immer da. Chili und Theres, die beiden wichtigsten Lebewesen, konnte ich nicht im Stich lassen. Gleichzeitig stellte sich in besonders schweren Zeiten die Frage, ob ich die Kraft finden würde, um weiterzumachen. Die Entscheidung, überleben zu wollen, ist mit einer grossen Willensanstrengung verbunden, wie ich heute weiss, und eine eigentliche Leistung der Betroffenen. In den folgenden Jahren kämpfte ich immer wieder um mein Leben. Es war schwieriger als alle anderen Kämpfe, die ich bisher austragen musste.

Beim zweiten Aufenthalt in der Psychiatrie wollte ich ausser Theres und Chili keinen Besuch empfangen. Hin und wieder erreichte mich einen Blumenstrauss einer Arbeitskollegin. Die Kinder meiner Partnerin meldeten sich nicht. Später isolierte ich mich selbst, denn bei Kontakten hätte ich meinen Zusammenbruch thematisieren müssen. Zudem fühlte ich mich in Gegenwart von anderen nun unwohl, wusste nicht, was sie über mich dachten. Vermutlich nur Schlechtes. Nach Wochen war die erneute Krise unter Kontrolle. Mein abermaliger Wunsch, einen normalen Arbeitsalltag führen zu können, stiess bei den Ärzten zunächst auf Widerstand, konnte jedoch auf mein Drängen in die Tat umgesetzt werden. Im Bestattungsamt schien meine Stellvertreterin nicht restlos begeistert zu sein, als ich wieder auftauchte. Zu diesem Zeitpunkt plante man aus Gründen der Kosteneffizienz, verschiedene Ämter zusammenzulegen. Neuer Chef sollte der Leiter der damaligen Einwohnerkontrolle werden und ich wäre zu seinem Stellvertreter ernannt worden. Politische Ränkespiele machten die angeregte Neuordnung möglich, die sich in meiner krankheitsbedingten Abwesenheit konkretisiert hatte. In meiner Wahrnehmung lief es darauf hinaus, dass man einem Menschen, der in der Psychiatrie war, das Vertrauen entzog. Tatsächlich bestätigte der damalige Stadtpräsident die Pläne seiner Parteikollegen und ich wurde mehr oder weniger vor vollendete Taschen gestellt. Die laufenden Probleme und Intrigen bei der Arbeit trugen dazu bei, dass ich körperlich, geistig und seelisch bald abermals am Rande eines Zusammenbruchs stand.

Ich erinnere mich an einen folgenschweren Tag. Ich gelangte frühmorgens in mein wunderschönes Büro im Stadthaus. Um 8 Uhr erschien meine Sekretärin. In einer spontanen Aktion, die unumstösslich war, weil sie einem riesigen inneren Bedürfnis entsprach, trat ich wenig später vor ihrem Pult und liess die perplexe Frau wissen: «Ich gehe jetzt nach Hause und komme nie wieder zurück.» Der Gedanke, zu bleiben, war mir unerträglich. Meine Zukunft war mir zu diesem Zeitpunkt komplett egal. Mich, der sich jahrzehntelang über die Arbeit, den Leistungswillen, die Erfüllung von Pflichten definierte, rund zwanzig Weiterbildungen absolviert hatte und als ebenso hoch motiviert wie ehrgeizig galt, kümmerte es nicht mehr, dass ich vermutlich nie mehr in den Arbeitsmarkt zurückkehren konnte. Ich fühlte mich komplett leer, und die Gleichgültigkeit meinem Leben und mir gegenüber sollte mich in den folgenden Jahren begleiten. Nach einem Besuch beim Vertrauensarzt der Stadt Zürich wurde schnell klar, dass ich zu hundert Prozent krankgeschrieben werden musste und somit ein IV-Fall war. In der abschliessenden Beurteilung, die dem Entscheid der Versicherung zugrunde lag, wurde von einer schweren Depression gesprochen. Diese habe vor vielen Jahren begonnen und sei chronisch geworden, wobei entsetzliche Erlebnisse während der Kindheit und Jugend offenbar durch beruflich bedingte Ereignisse unter anderem im Kontext des Attentates von Luxor reaktiviert wurden. Allerdings hiess es auch, dass die Umstrukturierungsmassnahmen der Behörde einen wachsenden Druck verursachten, ich an sechs Tagen pro Woche zwölf bis vierzehn Stunden arbeitete, was dazu beitrug, dass ich geistig und körperlich ausbrannte. Nachdem der erste Versuch, wieder zu arbeiten, gescheitert war, schloss der begutachtende Psychiater seine Beurteilung mit den Worten ab, dass eine Wiedereingliederung in den Arbeitsmarkt nicht zu erwarten sei. Das tadellose Arbeitszeugnis meines Arbeitgebers erreichte mich wenig später. Mein Weggang kommentierten Stadtpräsident und Dienstchef – die meiner Meinung nach mit ihrem Verhalten massgeblich zu meinem Arbeitsende beitrugen – mit folgenden Worten: «Bei Herr Erni traten gesundheitliche Probleme auf, die ihm eine Weiterarbeit verunmöglichten. Herr Erni trat infolge der Berufsinvalidität aus den Diensten der Stadtverwaltung aus. Wir wünschen ihm Wohlergehen für die Zukunft.»

Restleben

Die folgenden Jahre bleiben mir als schwierige Zeit in Erinnerung. Nicht mehr zu arbeiten war ein Resultat meiner gesundheitlichen Situation jedoch auch auf die Art und Weise, wie sich mein Arbeitgeber verhalten hatte. Ich hätte mir mehr Unterstützung und mehr Loyalität gewünscht. Meinen neuen Zustand empfand ich als unwirklich und auch irgendwie sinnlos. Ich war erst 50 Jahre alt und fragte mich, welche Herausforderungen mir mein Dasein noch bieten kann oder ob ich den Rest meines Lebens zwei Dutzend verschiedene Medikamente einnehmen musste und meine Existenz nur noch «benebelt» erleben konnte. Die vielen Medikamente erwiesen sich als Fluch und Segen zugleich. Einerseits hielten sie mich in der Bahn und davon ab, meine Suizidgedanken in die Tat umzusetzen, andererseits – das weiss ich heute – verhinderten sie ein Leben, das diesen Namen auch verdient. Als wäre ich in Watte eingepackt, als würden mich zehn Schichten Luftpolsterfolie umhüllen, spürte ich nichts mehr. Nicht die schlechten Emotionen. Nicht die guten Emotionen. In dieser Zeit fühlte ich mich komplett leer. Ein schrecklicher Zustand, gegen den man ankämpfen möchte. Doch dieser Kampf erweist sich als sinnlos. Meine Partnerin arbeitete in diesen Jahren noch, war viel beschäftigt und unterstützte mich, so gut es ihr möglich war. Denke ich an mich zurück, bewundere ich sie. Ich war ein anderer Mensch geworden. Passiv. Müde. Und asozial. In meinen Augen war ich unnütz geworden und dementsprechend vermied ich soziale Kontakte. Allerdings rannten uns die ehemaligen Kollegen auch nicht gerade die Bude ein. Mein Gefühl, aufgrund der langen Aufenthalte in der Psychiatrie zumindest von einigen Menschen stigmatisiert zu werden, ist vielleicht subjektiv. Sicher trägt man in einer solchen Situation auch selbst dazu bei, dass sich das Umfeld zurückzieht. Trotzdem: Eine Karte oder ein kurzes Telefonat sollte auch jenen möglich sein, die nicht wissen, wie sie reagieren sollen. Für meinen Zustand schämte ich mich und gleichzeitig provozierte er Minderwertigkeitsgefühle, wie ich heute weiss. Die ersten zwei Jahre verstrichen einfach. Ereignislos. Ich sass jeden Tag stundenlang vor dem Fernseher und bereits das Einfüllen der Kaffeebohnen wurde zu einer fast unüberwindbaren Aufgabe. Rückblickend frage ich mich, ob die diagnostizierte Depression und ein endloses Burnout für diese Situation verantwortlich waren oder eher die 21 Medikamente, die ich seit meinem Klinikaufenthalt zu mir nehmen musste. Allerdings: In dieser Phase überlebte ich zweifelsohne hauptsächlich aufgrund der vielen Medikamente. Gleichzeitig ertappte ich mich dabei, wie ich Abklärungen traf, einen todsicheren sogenannten Drei-Phasen-Suizid zu begehen. In dieser Zeit dachte ich oft: «Wenn ich mich umbringen will, kann ich es auch noch morgens machen.» Dieses Wissen war ein Trost und somit lebte ich von einem Tag auf den anderen.

Theres und Chili waren die Fixpunkte meiner Existenz. Meine Partnerin hatte Angst um mich, das spürte ich deutlich. Einmal holte sie sich selbst professionelle Hilfe, da die Situation natürlich eine riesige Belastung für sie war. Vom Fachmann erhoffte sie sich Ratschläge im Umgang mit mir. Er sagte nur: «Trennen sie sich!» Sie dachte nicht daran und liess mich nie im Stich. Ich verdanke ihr viel. Liebe. Loyalität. Sie blieb an meiner Seite, hielt alles aus. Ich konnte ihr emotional nur wenig zurückgeben, lebte in meiner eigenen Welt, sprach nicht viel. Irgendwann riss ich mich am Riemen und rang ich mich dazu durch, dass am Abend, wenn sie von der Arbeit kam, wenigstens das Essen auf dem Tisch stand. Essen organisieren, rüsten, schnippeln, dämpfen, braten. Das Kochen gab mir Aufwind und in der Natur fand ich zusammen mit Chili bald eine gewisse Entspannung. Ich weiss nicht mehr, wie die Idee entstand, aber irgendwann wollte ich zusammen mit meiner Partnerin ausserhalb der eigenen vier Wände etwas Gutes erleben. Eine erste Reise unternahmen wir nach Italien. Eine Pflegefachfrau musste uns aufgrund meines fragilen Zustandes begleiten. Sonne, Meer, Gelaterias? Daran erinnere ich mich nicht, jedoch an eine Art der Beruhigung, die eintrat, wenn ich auf die mir fremde Landschaft blickte. Später reisten wir zusammen sogar nach Asien. Dieser Kultur fühlte ich mich schon immer verbunden. Nun konnten exotische Gerüche und unbekannte Gepflogenheiten meine Aufmerksamkeit wecken und die Müdigkeit und die Leere lasteten weniger bleiern auf mir. Auf solchen Reisen, die uns zu fernen Destinationen führten, in denen es der breiten Bevölkerung oft an vielem mangelte, erlebte ich eine Art Relativierung meines eigenen Zustandes. Ich sah, dass andere Menschen ebenfalls kämpfen müssen, nicht aufgeben, daran glauben, dass eines Tages vielleicht Besserung eintritt. Diese Erweiterung meines Horizontes sorgte für eine gewisse Zufriedenheit, die ich zumindest auf diesen Exkursionen verspürte. Zu Hause versuchte ich, wieder mehr Struktur in meine Tage zu bringen. Chili blieb mein Ein und Alles. Als ich monatelang in der Klinik war, vermittelte sie Theres Trost. Was sie vorher nie tat und als ich wieder zu Hause war auch nicht wiederholte, machte sie nun: Sie sprang auf das Bett und kuschelte mit meiner Partnerin. Nun war Chili erneut an meiner Seite, und das Wissen, dass sie mich brauchte, ich sie unter keinen Umständen allein lassen wollte, vermittelte mir fast so etwas wie eine unmittelbare Zukunftsperspektive. Die Natur wurde erneut zu meinem Schatzkästlein, zu meinem Zuhause. Ich verbrachte viel Zeit in meiner kleinen Jagdhütte, hackte Holz, sass mit einer Tasse Tee auf der Sitzbank und blickte stundenlang in die sich mit den Jahreszeiten verändernde Landschaft. Das Bedürfnis nach Ruhe war noch immer übermächtig, und so fand ich Mittel und Wege, um zumindest einige Stunden lang vom Fernseher und vom Sofa wegzukommen. In der Meinung, ich wisse meinen Zustand einzuschätzen, und ermuntert durch meine Versuche, selbst wieder ein wenig auf die Beine zu gelangen, tat ich, was auch viele andere Psychiatriepatienten tun. Nach rund drei Jahren begann ich auf eigene Faust, die Medikamente zu reduzieren. Ein fataler Fehler. Es handelt sich nicht um Aspirin, sondern um verschiedenste Präparate, die teilweise auch hirnorganisch einwirken. Die Dosierung und Kombination verschiedenster Medikamente sind in der Psychiatrie eine Wissenschaft für sich, die auch ein geübter Laie nicht verstehen kann. Die Meinung, dass man seinen Gemütszustand mit der Zeit selbst einschätzen und, falls man eine Besserung wahrzunehmen glaubt, die Präparate reduzieren kann, bewirkt unter Umständen einen fulminanten Rückfall. Wenn Medikamente auf eigene Faust nicht mehr absolut regelmässig und in der immer gleichen Dosis eingenommen werden, verliert man zudem mit ziemlicher Sicherheit auch den sogenannten «Spiegel» – jene permanente Dosierung, die einem Auffangnetz gleich allfällige psychische Turbulenzen, die man selbst nicht unbedingt mitbekommt, ausgleicht. Bei mir hatte mein Eingreifen zur Folge, dass ich wieder an den Anfang eines unheilvollen Kreislaufes gelangte.

Möglicherweise trieben noch andere Ereignisse den Rückfall voran. Den Kontakt zu meiner Mutter hatte ich längst abgebrochen. Doch in dieser Zeit erkrankte sie schwer. Sie liege im Pflegeheim im Sterben und wolle mich unbedingt noch einmal sehen, liess man mich wissen. Ich hätte mich als Unmensch gefühlt, wäre ich diesem letzten Wunsch nicht nachgekommen. Während sie sich nie entschuldigte, kein Wort des Bedauerns äusserte, so als ob alles, was sie mir angetan hatte, nie existierte, fragte sie mich nun plötzlich: «Kannst du mir vergeben?» Ich umarmte sie kurz und sprach einen Satz, der in meinen Ohren fremd klang: «Ich vergebe dir – du kannst jetzt in Ruhe sterben.» Minuten später verliess ich das Zimmer und sah sie nie wieder, obwohl sie noch einige Wochen lebte und mich mit der wiederholten Nachricht, sie werde die nächsten Stunden nicht überleben, erneut an ihr Krankenlager bringen wollte. Die Beerdigung verliess ich in jenem Moment, als der Pfarrer das Leben der Verstorbenen als pflichtbewusste Ehefrau und gute Mutter zu huldigen begann. Meine Schwester war ebenfalls anwesend. Sie, die mit der Mutter und dem Stiefvater verbunden blieb, sass in der ersten, ich in der hintersten Reihe der Kirchenbänke. In Maries Leben blieb ich in all den Jahren am Rande involviert, der Kontakt beschränkte sich auf seltene Treffen. Da sie keine Ausbildung machen durfte, nur das Haushaltsjahr absolvierte, arbeitete sie ganz jung als Hilfspflegerin in einem Krankenhaus. Damals besuchte ich sie hin und wieder im Schwesternheim. Wir waren beide damit beschäftigt, im Leben Tritt zu fassen und die schlimme Kindheit hinter uns zu lassen. Auch sie musste früh für sich selbst sorgen. Ohne Halt und auf der Suche nach Geborgenheit heiratete sie sehr jung. Die Ehe ging in die Brüche und auch der zweite Mann war unzuverlässig und ein Fantast. Trotz der gemeinsamen Tochter liess er sich die Pensionskasse ausbezahlen, eröffnete in Brasilien eine Bar und kehrte wenig später pleite zurück, weil er im fernen Land über das Ohr gehauen wurde. Marie hatte nun zwei Kinder, wurde schwer depressiv und entwickelte sich zur Kleptomanin. Ich wusste, dass es sich um eine psychische Störung handelte, und verurteilte sie nicht. Ihre damalige Angst, dass ich als Polizist ihre Akten einsehen kann und offensichtlich wird, dass sie eine Diebin ist, trübte unser späteres Verhältnis. Nie im Leben hätte ich eine solche Aktion, die in meinen Augen ein Vertrauensbruch gewesen wäre, initiiert. Wer das Vertrauen missbrauchte, war schliesslich Marie selbst. Als es um das mütterliche Erbe ging, erschlich sie sich meine Unterschrift und hob ein «Vermögen» ab, von dem ich nie erfuhr, wie gross es gewesen ist. Finanziell war ich gut abgesichert und das Geld meiner Mutter wollte ich sowieso nicht. Ich hätte meiner Schwester alles freiwillig überlassen. Enttäuscht über ihr Verhalten brach ich den Kontakt nun ab. Jahrzehnte später liess sie mir über meine Partnerin eine Nachricht zukommen: «Ich bereue es, dass ich für Kurt keine Schwester sein konnte, sondern die Mutterrolle übernehmen musste.» Auch sie war ein Opfer gewesen. Wenn ich heute an die beiden schutzlosen Kinder von damals zurückdenke, die zusammen keine Schicksalsgemeinschaft formen konnten, sondern einsame Einzelkämpfer blieben und auch im Erwachsenenleben nicht zueinanderfanden, empfinde ich Mitgefühl und Trauer.

In den folgenden Monaten dachte ich hin und wieder an das letzte Zusammentreffen mit Mutter zurück, die mir ungeheuren Schaden zugefügte, mich als kleines Kind in sadistischer Art und Weise misshandelte, keine Gnade und auch keine Reue zeigte und wurde mir bewusst: Meine Vergebung am Sterbebett waren leere Worte gewesen. Tief in meinem Innern konnte ich ihr nicht verzeihen. Ihr Tod brachte manche Erinnerungen zurück. Auch jene an meinen Vater und unser letztes Treffen. Was aus ihm wurde, wusste ich lange Zeit nicht. Den Kontakt zu mir brach er ab, als ich zehn Jahre alt war. Als hätte er sein altes Leben abgestreift. Als würde ich nicht existieren. Nach über dreissig Jahren sah ich ihn per Zufall wieder. Ich war damals ein gestandener Mann in den besten Jahren, leitete als Vorsteher das Zürcher Bestattungs- und Friedhofsamt, war über mehrere hundert Angestellte entscheidungsbefugt und arbeitete, wie bereits erwähnt, in einem riesigen Büro im Stadthaus, das ich aus eigener Tasche wunderschön möbliert hatte. Eines Tages befand ich mich auf dem Weg zur Toilette, als ich am Ende des Korridors eine Gestalt erblickte. Ich erkannte Vater an der Art des Ganges sofort. Ich sprach ihn nicht an, informierte mich bei der zuständigen Abteilungsleiterin aber umgehend über sein Anliegen. Er wollte den Dackel eines verstorbenen Verwandten oder vielmehr die Urne des Tieres im Grab seines Besitzers beisetzen lassen, was offenbar dem letzten Wunsch des Verstorbenen entsprach. Ich schrieb Klaus* einen Brief, gab mich zu erkennen, liess ihn wissen, welche Position ich bekleide und schloss mit den Worten, er könne sich melden, müsse aber nicht. Nachdem ich meine Sekretärin informiert hatte, stellte sie mir bald ein Telefonat durch: Es war Klaus. Wir verabredeten uns in meinem präsentablen Büro. Ich bat ihn, Platz zu nehmen und liess ihn wissen, dass er sicher nicht erwarte, dass ich ihn Vater nenne. Er nickte. Ich erfuhr, dass auch seine zweite Ehe gescheitert war. Er war pensioniert und lebte mit einer neuen Frau zusammen. Ich fragte ihn nicht, warum er mich derart misshandelte und uns im Stich gelassen hatte, und erzählte auch nichts über mein weiteres Martyrium mit Mutter und dem Stiefvater, das auch ein Resultat seiner kompletten Abwesenheit war. Nach diesem Treffen besuchte er meine Partnerin und mich einmal bei uns zu Hause und konnte sich vergewissern: Sein Sohn war kein Verbrecher geworden. Er führte ein anständiges, erfolgreiches und geordnetes Leben. Wir sprachen weiterhin nicht über die Kindheit. Als er mir bei einem weiteren Treffen unvermittelt die Hände um den Hals legte, erschrak ich heftig und ging sofort in Selbstverteidigungsposition, worauf er mich wissen liess, er wolle mir ein Freizeithemd schenken und müsse dafür meinen Halsumfang kennen. Ich besass mindestens zwei Dutzend Masshemden. Ich dachte an meine Kindheit, in der ich im Winter bei eisiger Kälte schlotternd kurze Hosen tragen musste, dazu gestrickte Mädchenstrümpfe, und empfand das angekündigte Geschenk als absurden Versuch der Wiedergutmachung. Klaus war ein Fremder und blieb es auch. Als er starb, blieb ich seiner Beerdigung fern. Bis zum heutigen Tag besuchte ich weder sein Grab noch dasjenige von Mutter oder des Stiefvaters.

Der Tod meiner Mutter berührte mich nicht. Meinte ich zumindest. Aufgrund von Wissen, dass damals in meiner Behandlung noch keine grosse Rolle spielte, da die Fachleute von einem Burnout und einer Depression ausgingen, vermute ich heute aber, dass das Wiedersehen am Sterbebett möglicherweise schreckliche Geschehnisse, die bisher tief in meinem Innern verborgen waren, hochkommen liess. Zusammen mit meinem eigenmächtigen Eingreifen in die Medikamente flammte mein Suizidwunsch erneut auf, was mich vier Jahre nach meinem letzten Aufenthalt erneut in die Psychiatrie brachte. Ich ging von einer kurzen Dauer aus, konnte die Klinik aber erst zwei Monate später wieder verlassen. Ein 70-jähriger Psychiater nahm sich meiner an. Normalerweise lesen die Spezialisten die in den Patientenrapporten festgehaltenen Vorgeschichten nicht, sondern erarbeiten alles immer wieder neu, was natürlich zu Ermüdungserscheinungen bei den Patienten führt, die genauso wie die Psychiater irgendwann auf den Automaten schalten und immer das Gleiche erzählen und fragen. Doch dieser hatte sich die Mühe gemacht, alles zu studieren. Wir führten auch normale Gespräche, die nicht mit meiner Krankheit zu tun hatten, was mir besser tat als alles andere. Dieser Psychiater nahm mich ernst. Ich fühlte mich respektiert. Er befragte mich nur wenig zu meiner psychischen Befindlichkeit, worauf ich ihm manches freiwillig erzählte und mich dabei gut fühlte. Bei diesem Aufenthalt kamen auch nichtmedikamentöse Behandlungen zum Zug, darunter Fussreflexzonenmassagen und traditionelle chinesische Medizin sowie verschiedene andere Entspannungstherapien. Das autogene Training konnte ich in meinen eigenen vier Wänden später nur mangelhaft umsetzen. Das Wegkommen von negativen Gedanken ist sicher gut. Wer allerdings unter schweren Medikamenten steht, kann meist keinen klaren Gedanken fassen, demzufolge funktionieren komplexere Strategien oft nur unter ärztlicher Anleitung. Verschiedene Visualisierungsübungen halfen mir schon eher. Bei der sogenannten Tresorübung stellt man sich ein schönes Bild vor. Ich sah Chili und in einem weiteren Schritt sah ich auch, wie wir gemeinsam durch die Natur streifen und sie mir ihre Freude und guten Gefühle vermittelt. Diese visualisierte Episode legt man in einem imaginären Tresor ab, der verschlossen wird. Bahnen sich negative Gedanken und schlechte Gefühle an, schliesst man den Tresor auf und ruft sich die dort abgelegte Szenerie bewusst in Erinnerung. An das Gute, Schöne und Wertvolle zu denken kann tatsächlich eine Ablenkung sein und das Versinken in eine Negativspirale verhindern. Die Ursprünge meiner Erkrankung sahen die Fachleute in den beruflichen Extremsituationen, die ich durchlebt hatte. Meine Kindheit wurde am Rand thematisiert und nie vertieft. Obwohl ich mich beim letzten Aufenthalt in der Klinik mit dem Psychiater gut verstand und die psychotherapeutische Arbeit mit ihm mittelfristig vermutlich positive Effekte gezeigt hätte, trennten sich unsere Wege, nachdem ich die Klinik verlassen hatte. Meine Suche in Freiheit nach einer geeigneten psychotherapeutischen Begleitung sollte in den folgenden zwölf Jahren leider nicht von Erfolg gekrönt sein. Vielleicht hatte ich Pech oder brachte selbst unübliche Voraussetzungen mit, aber im «normalen» psychotherapeutischen Rahmen fühlte ich mich weiterhin sehr unwohl und auch als Nummer. Da es den Psychiatern an Engagement und Interesse zu mangeln schien, brach ich solche Interventionen immer wieder ab. Selbst ging ich noch immer davon aus, dass mir primär fehlte, was die Spezialisten kolportierten und auch in diesem Bericht formuliert hatten. Anders als die Anamnese, die jeweils kurz und knapp auffiel, und auch die psychiatrische Diagnose, die ohne zusätzliche Abklärungen jeweils einfach übernommen wurde, fielen die Austrittsberichte stets wortreich aus, wobei auf viele Fortschritte aufmerksam gemacht wurde, die mir mehrheitlich entgangen waren. Nach dem Aufenthalt in dieser Klinik fühlte ich mich allerdings tatsächlich etwas besser. Bald trieb mich der Gedanke um, eine neue Aufgabe zu finden. Komplett ohne Herausforderungen war das Leben nur schwer vorstellbar für mich und so entstand die Idee, einen Suppentruck aufzubauen. Meine Überlegungen? Der Vorläufer eines Trends, der sich heute auf breiter Ebene durchsetzen konnte – Streetfood – entspräche meinen Talenten als Koch und Organisator und gleichzeitig wäre ich mein eigener Chef, könnte arbeiten, wenn es mir gut geht und sonst pausieren. Das Erstellen eines Businessplans erforderte allerdings bereits meine ganze Kraft. Ich litt unter Konzentrationsschwierigkeiten und benötigte für eine Arbeit, die ich früher in zwei Tagen erledigt hätte, zwei Wochen. Es war, als würde mir eine unsichtbare Macht meine Energie abzapfen. Das Anschaffen der nötigen Infrastruktur brachte mich bereits an den Rand der Erschöpfung. Trotzdem kaufte ich eine professionelle Gemüseschneidemaschine für über zweitausend Franken, die ich später ungebraucht einem Waisenheim spendete. Die bleierne Müdigkeit, über die auch andere Patienten klagen, die Psychopharmaka einnehmen, machte meine Pläne schliesslich zunichte.

In diesen und späteren Jahren verschlimmerte sich meine Angststörung, die mich seit den Anfängen meiner Krankheitsgeschichte gefangen nahm. Bereits bei meinem ersten Aufenthalt in der Psychiatrie sank mein Selbstwertgefühl in den Keller. Das Gefühl, ein Versager zu sein, begleitete mich und meine mangelnde Entscheidungskraft verunsicherte mich. Die Angst, meine eigenen Ansprüche nicht mehr erfüllen zu können, stand am Anfang dieser Störung. Danach meinte ich, den gesellschaftlichen Ansprüchen nicht mehr zu genügen. All jene, die Leistung erbringen und gesund sind, so war ich überzeugt, blicken auf mich herab, erachten mich nicht mehr als vollwertig. Den Blicken und Meinungen von anderen wollte ich mich nicht aussetzen, und so isolierte ich mich immer stärker, pflegte keine Kontakte mehr, wollte nur noch allein sein. Ich empfand immer häufiger Angst, wenn das Telefon läutete oder eine unvorhergesehene Situation eintrat. Ich hatte Angst, Fehler zu machen, Angst vor Tram und Bus, Angst vor öffentlichen Plätzen, vor Menschenmengen, vor Lärm, vor Apotheken und Metzgereien. Auch daran konnten die Fachleute nichts verändern und eine ambulante Therapie, die ich in einer Angstklinik anging, brachte nichts. In schwierigen Phasen litt ich unter einer ausgeprägten Blockade, mich verbal ausdrücken zu können. So wie ich in Krisensituationen seit der Kindheit und Jugend reagiert hatte, indem ich ruhig wurde, immer ruhiger und schliesslich über Wochen hinweg verstummte, verhielt ich mich auch in den folgenden Jahren. Meine Stummheit war auch mit der Angst verbunden, dass man meinen Erzählungen keinen Glauben schenken würde. Wenn ich bei seltenen Gelegenheiten vertrauten Personen etwas aus meinem Leben erzählte, wobei es sich meist um Erlebnisse handelte, die sich in den Berufsjahren ereignet hatten, beschlich mich oft der Eindruck, man halte mich für einen Lügner. Warum ich so fühlte, wurde mir erst viel später klar. Ich selbst dachte, dass ein Mensch derart viele Schicksalsschläge gar nicht überleben kann. Wäre es wahr, wäre ich tot. So schwieg ich. Auch in meiner Beziehung mit Theres und weiterhin im psychotherapeutischen Rahmen. Von professioneller Seite aus schien sich niemand für die Details meines Lebens zu interessieren und keiner ging dieser Blockade auf die Spur. Ein anderer Punkt, so meine ich rückblickend, wurde vernachlässigt: Mein Selbstwertgefühl lag fünfzehn Jahre lang am Boden und die vielen erfolglosen Klinikaufenthalte trugen nicht dazu bei, dass es besser wurde. Dass die frühe Bearbeitung von Themen wie Schuld, Scham und Selbstwert eine Voraussetzung gewesen wäre, um nachhaltige Verbesserungen und ein Weiterkommen zu erreichen, wurde mir ebenfalls erst viel später bewusst. Ein anderer Umstand führt wohl auch bei anderen Psychiatriepatienten meiner Generation zu Schamgefühlen und Minderwertigkeitskomplexen. Als ich vor über zwanzig Jahren zum ersten Mal in die Psychiatrie gelangte, fühlte ich mich abgestempelt, eine Befürchtung, die sich bestätigte, wie ich später auf Umwegen erfuhr. «Er ist in der Spinnwinde» – meine Partnerin bekam solche und andere degradierende Sätze zu hören. Heute ist es zum Glück anders. Burnout, Depressionen und andere Belastungsdiagnosen werden als Volkskrankheiten bezeichnet. Die vielen Betroffenen gehen offener mit solchen und anderen Erkrankungen um. Die frühzeitige Akzeptanz von psychischen Problemen führt dazu, dass man sich schneller professionelle Hilfe holt und im Idealfall ein Zusammenbruch verhindert werden kann. An diesem Bewusstsein fehlte es meiner Generation, die von Bildern geprägt bleibt, die sich in manchen Köpfen festgesetzt haben: fixierte Insassen, erzwungene Behandlungen, Menschen, die toben und mit entstellten Gesichtszügen als «Irre» dargestellt werden, die nie mehr in die Gesellschaft entlassen werden können. Die Vorstellung von der Psychiatrie, wie sie zu meiner Zeit noch existierte, gehört heute mehrheitlich der Vergangenheit an und niemand muss sich heute verstecken, wenn er sich in psychiatrische Behandlung begibt. Das Gegenteil sollte der Fall sein, weil diese Menschen ihr Schicksal in die Hand nehmen, Kraft und Energie darauf verwenden, um wieder gesund zu werden, und somit einen Kampf ausfechten, der Respekt verdient.

Zu meinen psychischen Problemen gesellten sich bald physische Beschwerden, so auch eine Fibromyalgie. Bei mir zeigte sich das Krankheitsbild in unerträglichen Schmerzen, zum Beispiel, wenn ich mit Textilien in Berührung kam. Zunehmend litt ich auch unter Herzproblemen und musste mich schliesslich einer Operation unterziehen, bei der mir ein Aortenklappenersatz eingesetzt wurde. Danach sass ich im Rollstuhl. Während ich mich in der Reha körperlich soweit gut erholte, fühlte ich mich psychisch miserabel, worauf die psychiatrischen Konsiliarärzte die Entwicklung ausgeprägter depressiver Symptome bestätigten und mir rieten, mich abermals in eine stationäre psychiatrisch-psychotherapeutische Behandlung zu begeben. Schlaflosigkeit und massive Albträume belasteten mich. Erneut hatte eine Verflachung meiner Gefühlswelt stattgefunden. Die zunehmende Unfähigkeit, mich auszudrücken, und eine grosse Müdigkeit setzten mir ebenfalls zu. Die Diagnosen Burnout und Depression wurden immer und immer wieder übernommen, doch welche tatsächlichen Gründe mit ihnen verbunden waren, schien weiterhin niemand ernsthaft zu interessieren. Mich vielleicht auch zu wenig. Ich ging genauso wie die Fachleute davon aus, dass berufliche Schicksalsschläge zu meinem Zusammenbruch geführt hatten. Ich liess unzählige Therapien und Klinikaufenthalte über mich ergehen, wehrte mich nicht, kritisierte nicht, hatte das Gefühl, ich sei einfach ein hoffnungsloser Fall. Meine wiederholten Aufenthalte als Privatpatient in der Psychiatrie sah ich mehr als Wellness-Urlaube. Es wurde für mich gesorgt, gekocht, ich musste keine Entscheidungen fällen, konnte so lange schlafen, wie ich wollte, und wurde durch Dutzende von verschiedenen Behandlungen von mir selbst abgelenkt. Die Fachleute begnügten sich in diesem Rahmen mit Massnahmen, die vorübergehend oder im Rahmen der Kliniken eine Verbesserung erzielten, setzten ansonsten auf den Einsatz von schweren Medikamenten. Die bisherigen allgemeinen Verweise auf die schwere Kindheit, vor allem aber die Belastungen im Rahmen meiner beruflichen Tätigkeit als Polizeibeamter und Leiter des Bestattungs- und Friedhofamtes dienten bisher der Untermauerung der beiden Diagnosen. 2013 – also vier Jahre nach meinem ersten Aufenthalt in derselben Klinik – tauchte bei der Feststellung der Diagnose nun erstmals der Befund einer «Persönlichkeitsveränderung nach Extrembelastungen» auf und in diesem Zusammenhang stand nun plötzlich auch eine posttraumatische Belastungsstörung im Raum. Ich reagierte erleichtert, denn wenn eine solche erfolgreich behandelt wird, können sich auch psychische Folgeerkrankungen verbessern, wie ich erfuhr. In der Therapie konzentrierten sie sich allerdings auf einen anderen Aspekt: meine Beziehung zu Theres. Bestimmt war das keine schlechte Idee, und wir konnten dabei einigen Verschiedenheiten auf die Spur gehen und das gegenseitige Verständnis vergrössern. Was eine allfällige Traumatherapie anbelangte, riet man mir, eine solche während eines weiteren stationären Aufenthaltes anzugehen. Wieder in Freiheit setzte ich zuerst um, was ich mir vorgenommen hatte, und verbrachte zusammen mit Chili und meinem Freund Hans zehn Tage auf einer Alp im Tirol. Die Sonne und die Ruhe taten mir gut. Gleichzeitig dachte ich über die vergangenen Jahre nach und auch über meine Zukunftsperspektiven. Würde ich den Rest meines Lebens in psychiatrischen Kliniken ein und aus gehen? Ich kam zum Schluss, dass es so nicht weitergehen konnte. Die Suizidthematik begleitete mich erneut. Bereits als Jugendlicher befand ich mich in der Situation, dass ich nicht mehr leben wollte. Beide Male kam ich haarscharf um diese Entscheidung herum. In den vergangenen Jahren hatte ich mir meinen durch mich herbeigeführten Tod viele Male vorgestellt, bin die einzelnen Schritte durchgegangen und wusste, was zu tun ist. Paradoxerweise hatten mich diese letzte Freiheit, aber auch mein eiserner Wille und manchmal auch das Glück vor dem Schlimmsten bewahrt. Meine fünf Hunde – Wodan, Tasso, Zora, Chili und später auch Bronja – waren stets meine Rettungsanker gewesen. Auf sie konnte ich mich verlassen, sie brauchten mich. Doch jetzt konnte und wollte ich nicht mehr so weitermachen. Meinte ich zumindest. Heute weiss ich: In der grössten Verzweiflung empfinden die meisten Menschen, auch wenn sie es so nicht wahrnehmen, einen Funken Hoffnung auf Besserung und Linderung, und mein Beispiel zeigt, dass diese Hoffnung berechtigt ist. Davon wusste ich noch nichts, als ich in die Klinik einrückte, im festen Willen, dass dieser Aufenthalt meine letzte Chance auf Veränderung sein würde. Meine Hoffnung, dass die Traumata aus meiner Kindheit und meinem Berufsleben nun in den Fokus der Therapien rücken, erfüllte sich leider nicht, obwohl der neue Befund auf die Diagnose «komplexe posttraumatische Belastungsstörung» ausgeweitet wurde. Die Fragen der Psychiater waren die immer gleichen: «Haben Sie gut geschlafen? Wie geht es Ihnen heute?» Mir blieb wie immer das Wort im Hals stecken. Einige Monate später trat ich zu einem zweiten Intervall der – ich zitiere – stationären, störungsspezifischen und ätiologieorientierten Traumatherapie an, die auf einer zertifizierten Station stattfinden sollte. Im Austrittsbericht steht, welche Behandlungen ich in den folgenden Wochen – ohne dass ich es bemerkte! – durchlief: ein gesamtstationäres Intensivtherapieprogramm mit psychotherapeutischen Einzelgesprächen und Bezugspersonengesprächen, eine themenzentrierte Interaktionsgruppe, eine Milieugruppe, eine Psychoedukation, eine Pharmakotherapie, eine Naturachtsamkeits- und Genusstherapie sowie die Teilnahme an einer doppelt geführten Stabilisierungsgruppe. Wer jetzt nur noch Chinesisch versteht, braucht kein schlechtes Gewissen zu haben, denn mir ging es während des gesamten Aufenthaltes genau gleich. Und ehrlich gesagt: Eine Traumatherapie fand in meiner Wahrnehmung in keiner Art und Weise statt. Die Experten konzentrierten sich vielmehr darauf, dass ich am Leben blieb, und schlossen irgendwelche Non-Suizid-Verträge mit mir ab.

Silberstreifen am Horizont

In guter Erinnerung an diese Zeit bleibt mir dennoch eine Nachtschwester, eine mütterliche und lebenserfahrene Frau, die sich auch morgens um 4 Uhr auf meine Bettkante setzte, mit mir sprach, als sei ich ein normaler Mensch, und mir so Trost vermittelte. Und eine zweite Frau trat im Rahmen dieses Aufenthaltes in mein Leben. Berta Schneider* war meine Betreuerin und absolvierte gleichzeitig die Fachausbildung in Psychotraumatologie. Für ihre Abschlussarbeit suchte sie einen interessanten Probanden. Die Chemie stimmte. Ich nahm sie als pragmatisch, engagiert und mitfühlend wahr, und so willigte ich ein, ihr in langen Stunden Rede und Antwort zu stehen. Ich erzählte ihr nicht alles. Den schlimmsten Vertrauensbruch, den es geben kann, erwähnte ich nicht: dass mich meine eigene Mutter als kleines Kind angezündet hatte. Gleichwohl erhielt sie natürlich sehr viele Informationen zu meinem Leben und dabei auch zu meiner Kindheit. Die Gespräche taten mir gut. Ihr Interesse war spürbar und auch, dass sie etwas von dieser Thematik verstand. Kurz, es war die erste Erfahrung in einem professionellen Rahmen, die bei mir keinen sofortigen Fluchtreflex auslöste. Sie setzte sich genau mit meiner Geschichte und mir auseinander, was man der komplexen und interessanten Arbeit, die entstanden ist, später auch anmerkte, und setzte den Fokus auf die Kindheit. Vieles, was sie schriftlich festhielt, ist mir in dieser Art und Weise nicht als Gesprächsthema in Erinnerung geblieben, was vielleicht auch anzeigt, in welch schlechter Verfassung ich mich damals befand. Insbesondere die Dynamik der posttraumatischen Störung beschrieb Berta Schneider in für mich plausiblen Zusammenhängen, die manche meiner Reaktionen erklären. Strafvermeidendes Verhalten und ein Überlebensmodus, der in mir installiert wurde, provozierten in schwierigen Situationen Kampf, Flucht oder Unterwerfung. Auch der Begriff «Einfrierung» fiel, was mich sofort an einen physischen Zustand erinnerte, der mich sporadisch seit frühster Kindheit begleitete: als würde mein Herz erfrieren, als wäre es aus Trockeneis. Meine

Bemühungen, zeitlebens durch Aktivitäten, unermüdliches Arbeiten und ehrgeizige Weiterbildungen Situationen zu vermeiden, die in irgendeiner Form an die traumatischen Erlebnisse erinnern, seien eine Strategie, um mich nicht ausgeliefert fühlen zu müssen. Sie beschrieb auch die vielen Therapien, die ich durchlief, und kam in diesen Bereichen zum Teil zu anderen Schlüssen als ich. Insbesondere mit den geschilderten Fortschritten war ich nicht einverstanden. Auch der Satz, dass Traumapatienten sich selbst oft als Opfer ohne Gestaltungsmöglichkeiten wahrnehmen, deckt sich nicht mit meinen Erfahrungen: Ich hatte in meinem Leben zigfach unter Beweis gestellt, dass man an seinem Schicksal etwas ändern kann. Ich sah mich immer als Widerstandskämpfer und habe mich bereits als kleines Kind auf meine Art gewehrt. Mein Leben nahm ich hin, wollte aber aus dem Käfig ausbrechen, den andere für mich gebaut hatten, beruflich und persönlich. Ich liess mich nicht unterkriegen und bereits in frühen Jahren bestimmten mein ausgeprägter Gerechtigkeitssinn und die Selbstverantwortung meine moralischen Vorstellungen. Ich führte ein anständiges und erfolgreiches Leben, in dem der Begriff «Opfer» schlicht nicht existierte. Doch dann schlug mich diese fulminante Krise zu Boden und ich kam nicht umhin, manchen unangenehmen Tatsachen ins Auge zu blicken. Zuzugeben, dass man ein Opfer ist oder war, erfordert sicher auch Mut, denn der Begriff impliziert Wehrlosigkeit, jedoch auch, dass man unschuldig ist. Natürlich dachte ich im Verlauf weiterer Jahre über diese Thematik nach und konnte mir eingestehen, dass ich vor schweren Misshandlungen nicht verschont geblieben bin und ich den physischen und psychischen Übergriffen machtlos und wehrlos ausgesetzt war. Vielleicht führt erst diese Erkenntnis dazu, dass man später aus der Opferrolle heraustreten kann, nicht nur äusserlich, sondern auch innerlich. Das gelingt nicht immer. Für gefährlich halte ich es allerdings, wenn man verharrt und die Wehrlosigkeit als bequemen Status quo absorbiert. Die Passivität gefällt mir nicht. Während meiner Klinikaufenthalte erlebte ich viele weibliche und männliche Patienten, denen Schreckliches widerfahren ist. Sie waren und sind Opfer. Sie müssen gehört und beschützt werden. Es muss ihnen Gerechtigkeit widerfahren. Doch auch sie müssen ihr Leben wieder in den Griff bekommen. Mit der eigenen Entscheidung, weitermachen zu wollen, sich durch schlimme Umstände und schreiendes Unrecht nicht vom Weg abbringen zu lassen, werden auch die Täter und Täterinnen in die Schranken gewiesen, denn sie konnten das Leben ihrer Opfer nicht auslöschen. Den Ausdruck «Opfer» mag ich noch immer nicht. Zu sagen, dass ich ein Opfer war, bedeutet für mich eine grosse Überwindung, und vor allem verursacht diese Erkenntnis Schmerz. Auch in diesem Bereich lerne ich später dazu. Heute vergleiche ich es mit dem Einsatz von Pfeffer in der Küche: Man muss nicht immer nachpfeffern! So kann ich heute auch mit meinen Erinnerungen verfahren. Diese anzuerkennen bedeutet, einen guten Umgang mit ihnen finden zu wollen. Man darf sich erinnern, aber man kann die damit verbundenen Gefühle auch kontrollieren. Heute sage ich: Es ist passiert. Es war mein Schicksal. Ich bin nicht schuld. Die anderen sind schuld. Es ist vorbei. Ich mache weiter. So, wie ich es will. Selbstbestimmt. Das setzt ein gutes Selbstwertgefühl voraus, an dem es mir – ebenfalls eine späte Erkenntnis – lange Zeit mangelte. Der Selbstwert hat nichts mit dem Selbstbewusstsein zu tun, das ich immer in grossem Masse besass, sondern mit der Wertschätzung, die man sich selbst gegenüber an den Tag legt. Doch davon später. Die Entscheidung, nicht mehr in der Opferrolle sein zu wollen, ist wichtig und mit der Einsicht und dem Glauben verbunden, dass man seine Zukunft verändern kann. Das gilt vielleicht nicht für alle, aber bestimmt für viele Psychiatriepatienten. Die Gespräche mit Berta Schneider stiessen einiges an. Die Zusammenarbeit mit ihr zeigte mir, dass auch für mich geeignete Fachleute existierten. Die Hoffnung, irgendwann einen solchen Menschen zu finden, der mir eine Hand reichen würde, die ich vertrauensvoll und für lange Zeit ergreifen konnte, sollte sich bald erfüllen.

Zuvor spitzten sich die Dinge im Herbst 2014 weiter zu. Meine Angststörung verschlimmerte sich. Ich erlitt einen weiteren Zusammenbruch und bat meine damalige Psychiaterin, die Einweisung zu organisieren. Vorgesehen war sowieso ein erneuter Aufenthalt auf einer Traumastation. Da diese voll ausgelastet war, wurde ich nun in die psychiatrische Universitätsklinik Zürich (PUK) überwiesen. Im Nachhinein handelte es sich dabei um einen absoluten Glücksfall. In meiner Wahrnehmung kümmerten sich die dortigen Fachleute interessierter um mich, als ich es bisher in den Privatkliniken erfahren hatte. Vor allem wurde mir hier eine Form der Zuwendung zuteil, die mir mehr half als alle professionellen Interventionen. Der Professor der Abteilung besuchte mich, wenn er am Wochenende oft Dienst hatte, nun öfter in meinem Zimmer. Er war locker, hatte null Standesdünkel, schuf sofort die professionelle Distanz ab und die Chemie zwischen uns stimmte ebenfalls. In der mir gewohnten Umgebung redeten wir über Gott und die Welt. Ich fasste Vertrauen, empfand keinerlei Druck, mein Inneres nach aussen kehren zu müssen, und konnte in dieser lockeren Atmosphäre ohne Zeitdruck einiges aus meiner Kindheit erzählen. Unsere Gespräche wurden fast so etwas wie ein sonntägliches Ritual, auf das ich mich freute. Er war eine väterliche Figur, nahm mich ernst, sprach mit mir auf Augenhöhe und gab manche Informationen an seine Kollegen und Kolleginnen weiter. Auch im übrigen Klinikalltag wurde ich zum ersten Mal ernst genommen. Eine trübe Bilanz, wenn man bedenkt, dass ich in den vergangenen Jahren derart viele Klinikaufenthalte und Dutzende, mir teilweise sinnlos erscheinende, Therapien hinter mich gebracht hatte. Der Aufenthalt in der PUK blieb mir auch sonst in guter Erinnerung. Während in den Privatkliniken die Einrichtung, der Hotelservice, die Sechs-Gang-Menüs und die Diskretion gegenüber den gut betuchten Patienten an vorderster Stelle zu stehen schienen, trafen in diesem Rahmen Menschen aus sämtlichen Milieus aufeinander, was in meiner Wahrnehmung zur Normalität beitrug. Ich freundete mich mit einem Mathematikprofessor an, der an seiner Scheidung zerbrochen war. Er war introvertiert und hochintelligent; ich empfand ich ihn als ganz speziellen Menschen, mit dem ich einige Interessen teilte und den ich, da er gänzlich unpraktisch veranlagt war, an meinen Lebenserfahrungen teilnehmen lassen konnte. Unbürokratische Entscheidungen zeigten mir, dass die PUK-Leute flexibel und grosszügig umzusetzen versuchten, was für ihre Patienten gut ist und ihnen Lebensfreude vermittelt. Zwei Männer teilten sich zum Beispiel ein Doppelzimmer. Als sich einer von ihnen in eine hübsche Patientin verliebte und die Gefühle auf Gegenseitigkeit basierten, durften die beiden Turteltauben künftig das gleiche Zimmer bewohnen. Locker und tolerant: In diesem Sinn fanden auch die Gruppen- und Gesprächstherapien nicht mit der Stoppuhr statt. In meiner Wahrnehmung handelte es sich eher um Treffen in einem familiären Rahmen. Niemand wurde gedrängt und wenn man einen schlechten Tag hatte, wurde man einfach in Ruhe gelassen. Dass ich gerade an solchen Tagen diskret und genau beobachtet wurde, zeigte mir eine Episode. Einmal trug ich mich mit dem Gedanken, aus einem Fenster in die Tiefe zu springen. Die Pflegefachfrau konnte offenbar Gedanken lesen oder zumindest meine Körperhaltung und Mimik interpretieren. Auf jeden Fall trat sie sofort an mich heran und liess mich wissen, es sei gewiss besser, wenn ich ihr in den Gemeinschaftsraum folge. Ging es mir oder anderen Patienten schlecht, sass die ganze Nacht hindurch auch eine Sitzwache am Bett. Gleichzeitig unterstützte das Personal uns in der Selbstständigkeit und bald durfte auch ich wieder begleitete Spaziergänge in der umliegenden Natur unternehmen. Theres und Chili besuchten mich jeden Tag. Unser bayrisches Schätzeli freute sich jeweils wahnsinnig über das Wiedersehen bei den täglich stattfindenden Besuchen, an denen meine standhafte Partnerin festhielt – egal, wie schwierig die Zeiten waren. Chili wusste, wenn etwas nicht stimmte, spürte aber auch, wenn es mir wieder besser ging. Das traf bei diesem Aufenthalt ein und eine wichtige Massnahme trug dazu bei: Meine Medikamente wurden unter professioneller Aufsicht angepasst und vor allem reduziert. Nachdem ich anstelle von 21 nur noch zwölf Medikamente schlucken musste, realisierte ich, was mir in den vergangenen Jahren entgangen war. Nun hörte ich die Vögel wieder singen und nahm die

Schönheit der Natur auch im Detail wahr: Eine Blume am Wegrand oder eine sanft wiegende Baumkrone bedeuteten Freude und gute Gefühle. Medikamente sind notwendig und auch heute kann ich auf manche nicht verzichten. Ich denke dabei pragmatisch. Wenn einer Arthritis hat, muss er auch lebenslang Medikamente einnehmen und so geht es auch mir. Nie mehr käme es mir in den Sinn, eigenmächtig einzugreifen, weil das lebensgefährliche Konsequenzen haben kann. Allerdings: Zu viele Medikamente stellen die Patienten ruhig. Es geht ihnen vordergründig besser, sie sind nicht mehr traurig, verzweifelt oder aggressiv. Negative Emotionen werden getilgt, doch zum Preis, dass das ganze Leben in einer gedämpften Form stattfindet und auch positive Empfindungen in ihrer ganzen Bandbreite nicht mehr spürbar sind. Das verändert die Beziehung zum Umfeld und zu den Menschen, aber auch die Beziehung zu sich selbst. Ich vermute, dass manche Psychiatriepatienten auch aus diesen Gründen versuchen, ihre Medikamente selbstständig zu reduzieren und zu verändern. In der PUK fand die Umstellung hingegen unter ärztlicher Kontrolle über einen langen Zeitraum hinweg statt. Man teste auch neue Medikamente und Off-Label-Präparate aus und verfolgte, welche Wirkung sie zeigen. Natürlich ist die Kombination verschiedenster Medikamente eine Wissenschaft für sich, denn sie kann zu Wechselwirkungen führen.

Bei den psychotherapeutischen Einzelgesprächen fand ebenfalls eine positive Veränderung statt, denn es wurden neue und meiner Meinung nach wichtige Themen mit Fokus auf die Kindheit behandelt, die ich im Vorfeld mit dem vertrauensvollen Professor besprochen hatte. Als man mir nach neurologischen Abklärungen zudem eine Elektrokonvulsionstherapie vorschlug, sagte ich sofort zu. Die Elektroschocktherapie ist in der Psychiatrie ein gängiges Verfahren in der Behandlung von Patienten mit schweren depressiven Störungen, die auf gängige Therapien nicht ansprechen. Wenige Sekunden andauernde Stromimpulse unter Narkose lösen eine kurzzeitige neuronale Übererregung im Gehirn aus, die für den Patienten nicht spürbar ist. Die konvulsive Wirkung, die direkt während der etwa dreissig Sekunden dauernden Behandlung auftritt, ist in der Regel nur messtechnisch zu beobachten. Die Wirksamkeit der EKT ist unter Experten unumstritten und wurde auch durch eine Anzahl von Studien belegt. Wissenschaftliche Untersuchungen zeigen, dass die EKT bei mehr als der Hälfte der Patienten, die auf Medikamente nicht oder nur unzureichend ansprechen, unter anderem einen antidepressiven Effekt haben kann und nach rund zwei Wochen der Behandlung auch eine Verbesserung der kognitiven Leistungen erzielt werden konnte. Ich setzte grosse Hoffnung auf die Behandlung. Sie erfolgte unter Narkose. Es kam leider zu Komplikationen. Mein Blutdruck stieg enorm an, worauf ich in das angrenzende Krankenhaus überwiesen werden musste. Eine andere, noch nicht offiziell zugelassene Methode wurde zu einem späteren Zeitpunkt mit meinem Einverständnis durchgeführt. Eine mit Elektroden gespickte Mütze sendete dabei alle fünf Minuten 1500 winzige Klopfzeichen an eine Hirnhälfte, was ebenfalls zu einer positiven neurologischen Wirkung führen sollte. Die transkranielle Magnetstimulation des linken präfrontalen Kortexes fand während zwanzig Sitzungen über einen Zeitraum von vier Wochen statt. Doch leider brachte sie ebenso wie die nun täglich stattfindende Lichttherapie keine deutliche Verbesserung: eine Tatsache, die in dieser Klinik für einmal im Austrittsbericht nicht geschönt wurde. Man sprach einfach ehrlich aus, was Sache war – auch, dass eine traumaspezifische Behandlung aufgrund meines psychischen Zustandes nicht möglich sei. Das liess mich aufhorchen, meinte ich doch, in anderen Kliniken bereits in diesem Sinn behandelt worden zu sein. Zuhause informierte ich mich: Eine Traumatherapie birgt das Risiko einer Retraumatisierung. Dabei können die Erinnerungen an das traumatische Erlebnis und stark belastende Gefühle wie Hilflosigkeit und Handlungsunfähigkeit dazu führen, dass es sich anfühlt, als würde sich das Ganze erneut zutragen. Ebenfalls erfuhr ich, was vor diesem Hintergrund eigentlich Sinn ergibt: Ist die psychische Stabilität nicht gewährleistet, kann auch keine Behandlung durchgeführt werden, bei der mit speziellen Techniken traumatische Erlebnisse verarbeitet werden können, ohne, dass die Patienten die Kontrolle verlieren. Somit waren meine beiden bisherigen Aufenthalte in Traumakliniken Oberflächenkorrekturen gewesen, die keine eigentlichen Verbesserungen bringen konnten.

Rekapitulierte ich die langen Jahre, in denen ich in unzähligen psychiatrischen Institutionen ein und ausging, musste ich feststellen, dass dieses System für mich nicht geeignet ist und offenbar auch nicht funktionierte. Gleichzeitig fragte ich mich natürlich, ob ich ein sonderbarer Einzelfall war, eine therapieresistente Ausnahme, oder ob es anderen wohl ähnlich erging wie mir. Ich machte weiter, immer weiter. Heute weiss ich, dass ich durch die Ausbeutung in meiner Kindheit eine grosse Leidensfähigkeit entwickelt hatte, was mir in diesen langen Jahren – irgendwie – zugutekam. Ich kämpfte und liess mich durch unzählige Rückschläge nicht unterkriegen. Der Umstand, dass mir offenbar nicht zu helfen war, hätte einen anderen Menschen vielleicht zu einer Entscheidung getrieben, die nicht mehr rückgängig gemacht werden kann. Ich dachte oft an das Ende, glaubte in meinem tiefsten Inneren aber offenbar immer, dass ich es verdient hatte, weiterzuleben, und das auch schaffen konnte.

Nach meinen grundsätzlich positiv verlaufenen Erfahrungen in der PUK sollte ich im Frühling 2015 abermals in eine Spezialklinik wechseln. Als ich den dritten stationären Aufenthalt zum Zweck einer Traumatherapie in derselben Klinik hinter mich gebracht hatte, wusste ich nicht, dass es mein letzter Aufenthalt in einer psychiatrischen Institution sein würde. Nicht etwa, weil dort Wunder bewirkt worden sind, nein, eine eigentliche Traumatherapie konnte abermals nicht durchgeführt werden. Doch aufgrund jener Erkenntnisse, die man in der PUK gemacht hatte, verliefen die Themen in der Therapie nun in eine Richtung, die für mich Sinn ergaben. Die Auseinandersetzung mit selbstabwertenden Gedanken, Schuld, Scham und dem Umgang mit meinen hohen Ansprüchen an mich selbst und mein Umfeld brachte für mich Erhellendes zutage und gleichzeitig wurde eine Tür in die Zukunft aufgestossen. Nach meiner Entlassung blickte ich gestärkt in die Zukunft. Die Veränderung und Reduktion meiner Medikamente hatte ebenfalls Positives bewirkt, und unter der Anleitung eines Facharztes aus Winterthur konnte in Freiheit eine weitere Reduktion vorgenommen werden. Das Wichtigste war jedoch: Ein fünfter Engel trat in mein Leben! Die neue Psychotherapeutin sollte sich als absoluter Glücksfall erweisen. Komplett ausgelastet, nahm sie mich trotzdem auf. Die Chemie stimmt sofort. Ich fühlte mich verstanden und respektiert. Es ist schwierig zu beschreiben, welche Faktoren dazu beitragen, dass man Vertrauen fassen kann und instinktiv weiss, dass es niemals enttäuscht wird. Bei Elena Truffer* war dies der Fall. Wieder einmal hatte ich Glück gehabt. Ein wunderbares Gefühl. Bereits fünf Mal in meinem Leben schwebten verschiedene Engel zu mir. Ich wurde durch unglaubliche Zufälle oder eben das Schicksal an wunderbare Menschen herangeführt, die es ohne mein Martyrium nicht gegeben hätte. Die Frau aus dem Hort, die mich in den Armen hielt und tröstete. Die Kindergärtnerin, die auf meiner Augenhöhe einen Nagel einschlug, damit ich die Jacke aufhängen konnte. Die Wirtin, die mich lobte und mir zu essen gab. Die Krankenschwester, die mir mit ihrem Anruf das Leben gerettet hatte. Sie waren einfach da. Ohne, dass ich darum bat, halfen sie mir. Ich hatte Glück gehabt.

Anzuerkennen, dass man Glück hat, ist nicht dasselbe wie glücklich sein oder zumindest Glück empfinden. Bereits am Anfang machte mich mein fünfter Engel auf einen interessanten Zusammenhang aufmerksam. Als Kind wurde ich geschlagen, wenn ich glücklich war, und so gewöhnte ich es mir ab, Glück und Zufriedenheit zu empfinden. Diese Engel waren ein Glück, doch damals spürte ich dieses Glück nicht. Die Worte meiner Mutter – «freue dich nicht zu früh, bald kommt es ganz anders» –, aber auch ihre Misshandlungen und der dutzendfache Vertrauensbruch hatten mein Menschenbild und vor allem meinen mangelnden Zugang zu meinen Emotionen geprägt. Die vielen

Klinikaufenthalte konnten daran nichts ändern. Und auch wenn es mir in den vergangenen Jahren manchmal ein wenig besser gegangen war, dachte ich immer: «Jetzt wäre ein guter Moment, um zu sterben.». Als ich diesen Zusammenhang erkannte, konnte ich mich offener in einen Prozess begeben, der mir bisher verschlossen geblieben war und nun positiv verlaufen durfte, was natürlich hauptsächlich meinem fünften Engel zu verdanken ist. Sie kam auch bereits früh zum schönen Schluss, dass mein innerster Kern heil geblieben ist, weil es trotz allem auch immer wieder Menschen in meinem Leben gab, die mir als Lichtblicke Kraft und Energie vermittelten.

Raupe und Schmetterling

Vor meinem Zusammenbruch hatte ich mir viel erkämpft, den Beruf, die gesellschaftliche Zugehörigkeit, das Leben als anständiger und trotzdem erfolgreicher Mensch. Ich meinte, alles geschafft zu haben, und doch blieb mir das Wichtigste verwehrt: Trauer und Freude empfinden zu können. Dieser Missstand, so machte mir mein fünfter Engel ebenfalls klar, führte unter dem Strich zu einem fulminanten Zusammenbruch, der mich nun fast so lange beschäftigte, wie ich in der verhassten Kindheit verharren musste. Durch meine neue Psychotherapeutin erfuhr ich Respekt, Anerkennung und Interesse. Endlich konnte ich all das Schreckliche aus meiner Kindheit formulieren. Schritt für Schritt begleitete sie mich auf einem langen Weg, der noch immer andauert. Sie verhalf mir zu einem besseren Selbstwertgefühl, ermöglichte mir den Zugang zu meinen Emotionen. So schaffte ich es im Verlauf von fünf Jahren, das Geschehene zu verarbeiten und Strategien zu entwickeln, die mein Verhalten in vielerlei Hinsicht veränderten. All das hatte positive Auswirkungen auf mich und vor allem auf meine psychische Stabilität. 2020, fünf Jahre später, schrieb Elena Truffer in einem Standortpapier zwei Sätze, die mich sehr freuten und zum Weitermachen ermutigten: Meine Willens- und Lebenskraft, meine Intelligenz, der Humor, der Sinn für Gerechtigkeit und meine vielfältigen Interessen seien die Pfeiler, die mich gestützt und geführt haben. Es sei ein langer und schmerzhafter Weg, doch mehr und mehr seien auch Zufriedenheit, Genuss, Freude und Entspannung im Alltag zu Gast. Sie schloss mit den Worten, dass sie überzeugt sei, dass noch mehr Seelenruhe einkehren werde und sie sich darauf freue, diesen Weg mit mir gehen zu dürfen.

Bereits bei der zweiten Therapiestunde nahm ich meine geliebte Chili mit. Sie schlief während der Sitzung, doch am Ende der Gespräche legte sie dem Engel die Schnauze auf das Knie. Ich weiss nicht mehr genau, warum ich plötzlich erwähnte: «Wenn Chili stirbt, bringe ich mich um.» Das akzeptierte der Engel nicht ohne Weiteres. Wir trafen die Abmachung, dass ich mich in einer solchen Situation rund um die Uhr mit ihr in Verbindung setzen würde. Mit diesem Versprechen konnte die Therapie starten. Im Verlauf der folgenden Monate und Jahre lernte ich viel: über mich, darüber, welche Zusammenhänge zwischen meinem Verhalten und dem Erlittenen existierten, und vor allem lernte ich, dass meine Gedanken, Empfindungen, Wahrnehmungen, Erfahrungen und Erlebnisse richtig, wahr und wichtig waren und ich über Kapazitäten und auch Ressourcen verfügte, um alles zu verankern. Es war ein neues Terrain für mich, mir selbst gegenüber wohlwollend und liebevoll zu sein. Ein grosses Lernfeld tat sich auf. Es sind die kleinen Dinge im Leben, die einem guttun: Früher zwang ich mich im Morgengrauen aus den Federn. Heute bin ich zwar immer noch Frühaufsteher, doch lese ich ausgiebig die Zeitungen und mache mich dann zu einem langen Spaziergang mit Bronja auf. Die fanatische Pünktlichkeit begleitet mich immer noch, doch heute kann ich andere Vorgaben, die ich mir selbst auferlege, offener auslegen, ein Auge zudrücken, kurz: toleranter sein. Auch Freude zuzulassen ist eine Form der Eigenliebe und in diesem Bereich sehe ich die Welt bisweilen mit neuen Augen, wobei ebenfalls die Kleinigkeiten wichtig sind: Theres bringt jeden Freitag ein Blumensträusschen nach Hause mit. Früher bemerkte ich es nicht, heute freue ich mich, wenn die Farbe der Rosen zu unserem Sofa passt.

Elena Truffer war meine Rettung im Kleinen, vor allem aber im Grossen. Alle negativen Erfahrungen, die ich im psychotherapeutischen Rahmen bisher gemacht hatte, lösten sich in unserer Zusammenarbeit auf und was blieb, möchte ich einfach nur als wichtig und richtig beschreiben. Sie begegnete mir auf Augenhöhe. Sie zeigte Mitgefühl. Abgesehen davon, dass ich ihr all das Schreckliche mitteilen konnte und zum ersten Mal in meinem Leben derart ausführlich und offen über Themen sprach, die so lange in meinem Innern verschlossen waren, erkannte sie, was bisher niemand erkannt hatte. In Zusammenhang mit einer nachhaltigen Verbesserung meines Zustandes stand in erster Linie mein angeschlagenes Selbstwertgefühl. Im Berufsleben führte ich meine Leute zackig und ausgesprochen selbstbewusst. Was ich damals nicht realisierte, weiss ich heute: Dieses starke Auftreten hatte nichts mit meinem schwer geschädigten Innenleben zu tun. Warum ist das Selbstwertgefühl so wichtig? Ein intaktes Selbstbewusstsein ermöglicht es einem, sich selbst wichtig zu nehmen, Stärken, aber auch Schwächen anzuerkennen und auch dem Umstand Rechnung zu zollen, dass ein Leben hinter einem liegt, man jemand ist, man etwas kann, lernfähig bleibt und auch nach schwierigsten und dunkelsten Zeiten Schritte in eine bessere Zukunft machen kann. Nicht nur ich, auch andere können das. In meinem Fall wurde das Selbstwertgefühl in der Kindheit schwer geschädigt, eine Tatsache, die ich heute ebenfalls anerkennen kann, ebenso wie meine vielen Ängste, die auf dem Boden des Ungenügens wachsen konnten. Ein anderer Punkt betraf in diesem Zusammenhang meine Schulbildung. Mit einem anderen Elternhaus hätte ich das Gymnasium besuchen und meinen akademischen Berufswunsch, Architekt zu werden, umsetzen können. Da dies unmöglich war und ich nur die Oberstufe besuchen konnte, litt ich lange Zeit unter Minderwertigkeitsgefühlen. Meine zahlreichen Weiterbildungen waren die Folge von Wissensdurst und Karriereplänen, waren aber auch dem Umstand geschuldet, dass ich allen zeigen wollte, dass ich intelligent war und innerhalb vieler anspruchsvoller Studienbereiche mithalten konnte. Heute bin ich auch in diesem Bereich sicherer und weiss, dass ich Intelligenz, Fleiss und Leistungswillen unter Beweis stellte, vor allem aber auch bewies, dass man es mit weniger guten Startbedingungen und ohne jegliche Förderung in jungen Jahren zu etwas bringen kann. Mein Leben hat inklusive aller schweren Krisen schlussendlich zu Stärke geführt. Viele kleine Schritte waren auf dem Weg der Genesung notwendig, Puzzleteile, die sich zusammenfügten und eines Tages vielleicht ein intaktes Bild ergeben. Was einfach klingen mag, ist in Tat und Wahrheit ein lang dauernder Lernprozess, der mit Arbeit und einem veränderten Verhalten sich selbst gegenüber verbunden bleibt.

Durch die strenge Art und Weise, die meinen Umgang mit mir selbst lange Zeit prägte, kamen wir einem anderen Gefühl auf die Spur: der Wut. Ebenso wie die Freude und das Glück handelte es sich für mich lange Zeit um ein gefährliches Gefühl. Dabei hätte ich hin und wieder allen Grund gehabt, um wütend zu sein. Heute nenne ich diesen Zustand «zorntraurig» und kann ihn anders ausdrücken als früher. Wut zu verspüren und zuzulassen bedeutet, dass sich diese Wut nicht mehr gegen mich selbst richtet. Wer die eigene Wut ignoriert und banalisiert, weiss oft nicht, dass die Wut trotzdem da ist. Sie geht nicht einfach weg. Sie sucht sich ihren Weg, äussert sich auf vielfältige und destruktive Art und Weise. Mich hat sie krank gemacht. Im Fall meiner Mutter brach die Wut unkontrolliert aus ihr hervor. Ihre unsägliche Wut auf anderes entlud sich über mir, doch anstelle von Zorn stellte sich bei mir ein anderes Gefühl ein: die Schuld. Mein Verhalten trug zu den Misshandlungen bei, so meinte ich. Die Kräuter hatte ich nicht fein genug gehackt. Selbst schuld. Den Lappen nicht fest genug ausgewrungen. Selbst schuld. Einen Wunsch geäussert. Selbst schuld. Die Hose dreckig gemacht. Selbst schuld. Und auch im späteren Leben begleitete mich das Gefühl, schuldig zu sein. Die Schuld, überlebt zu haben, wog schwer, als mein Kollege anstelle von mir erschossen wurde. Das Überleben ist ein hartes Schicksal. So erlebte ich es und auch viele andere Menschen wissen davon zu berichten. Heute weiss ich: Um die Überlebensschuld zu überwinden, muss man sich selbst verzeihen können.

Psychischer Schmerz blieb auch in den folgenden Jahren nicht aus, doch ich lernte unter der kundigen Führung des fünften Engels zurechtzukommen. Als Chili starb, geriet ich in eine schwere Krise. Es war extrem hart. Sie war mein Ein und Alles. Sie gab mir so viel Liebe und Verständnis in schwierigsten Zeiten: Auf Chili war immer Verlass. Noch immer zogen wir täglich stundenlang gemeinsam über die Felder und Wiesen. Ihr erzählte ich einfach alles und sie, die stets einige Meter vor mir lief, wich in solchen Situationen nicht von meiner Seite. In den eigenen vier Wänden verfolgte sie mich auf Schritt und Tritt und wachte sogar vor der Tür der Toilette über mein Wohlergehen. In der freien Natur war sie eine Draufgängerin und Kämpferin. Einmal befanden wir uns auf der Jagd in Österreich, als ich eine Gams erlegen konnte. Wir mussten das Tier über einen Fluss ziehen. Chili begriff in dieser aussergewöhnlichen Situation nicht, dass es bereits tot war, hechtete der vermeintlichen Beute in einem wilden Sprung hinterher und versank sofort in den Fluten des reissenden Flusses. Kalte Angst ergriff mich und bereits damals breitete sich sofort ein dunkles Gefühl der Verzweiflung in mir aus. Doch sie schaffte es, einige hundert Meter später an Land zu schwimmen, und als sie klatschnass, jedoch wedelnd und voller Lebensfreude auf mich zustürmte, verspürte ich unendliche Dankbarkeit. Wir verbrachten wunderbare Jahre zusammen. Es war für mich unvorstellbar, ohne sie auszukommen, auch als sie mit vierzehn Jahren bereits eine betagte Hundedame war und schwächer wurde. In den letzten Stunden wollte sie in den Blumenrabatten auf der Terrasse schlafen und in Ruhe sterben. Ich war an ihrer Seite, konnte und wollte nicht wahrhaben, was der schreckliche Lauf der Dinge ist. Als sie beschloss, nicht mehr leben zu wollen, brach für mich eine Welt zusammen. Elena Truffer hatte ich versprochen, keine Kurzschlusshandlung zu begehen. Ich legte mich ins Bett und wollte trotzdem sterben, war wie gelähmt. 14 Tage lang. Ich ass nichts mehr und – viel schlimmer – trank nicht mehr viel. Theres wusste, dass man mich in solchen Situationen allein lassen muss, schaute nach mir, war immer da und hätte zweifelsohne Hilfe geholt, wusste aber, dass ich es allein schaffen wollte. Mein Augenmerk galt dem Umstand, keinen kompletten Zusammenbruch zu erleiden, nicht in eine Klinik gehen zu müssen, und dass dies gelang – ich zum Wasserglas griff und auch mein Lager nach zwei Wochen verliess – wertete ich als grossen Fortschritt, den ich meiner Therapie zu verdanken hatte. Ich konnte in dieser Situation anwenden, was ich gelernt hatte: die Trauer zulassen, die abgrundtiefe Traurigkeit ausdrücken und akzeptieren. Auch Bronja, unser zweiter Hund, trauerte um Chili. Sie war zwei Jahre zuvor in unser Leben getreten, da sie meine Hilfe benötigte. Ich holte sie eines Tages einfach bei meiner Jagdkollegin ab, die mit dem Hannoverschen Schweisshund aufgrund seiner Grösse überfordert war. Dieses imposante Kraftpaket wog rund 30 Kilogramm. Unsere kleine Chili, eine Bayerische Gebirgsschweisshündin, schien unbeeindruckt und machte von Anfang an klar, wer die Chefin im Haus ist. Als ihre Artgenossin nicht mehr da war, reagierte Bronja wie viele andere Hunde auch. Erst kürzlich berichtete eine Forschungsgruppe von der Universität Bern Interessantes zu diesem Thema. Nach dem Tod eines Freundes spielen Hunde seltener, fressen weniger und winseln öfter. Das Bedürfnis nach mehr Aufmerksamkeit zeichnete auch Bronja aus. Sie, die bis zum heutigen Tag unter grossen Verlustängsten leidet, entwickelte sich unter unserer Obhut gut. Konnte sie früher noch ziemlich Radau machen, ist sie heute menschenfreundlich und auch eine Tierfreundin geworden. Dennoch fragte ich mich manchmal, wie es ihr bei uns wirklich geht. Fühlt sie sich wohl und geliebt? Wäre sie lieber woanders? Bereits zu Lebzeiten von Chili kontaktierte ich über eine Empfehlung eine Beraterin für Tierkommunikation, die Erstaunliches zutage förderte. Ansonsten sehe ich mich als rationalen Menschen, aber dieses Erlebnis liess mich erahnen, dass es zwischen Himmel und Erde Mächte gibt, die nicht immer erklärbar sind. Sie verfasste später einen schriftlichen Bericht über den Kontakt und die Begegnung mit Chili – die sie nie gesehen hatte –, und den ich nach ihrem Tod immer wieder durchlas. Die erste Kontaktaufnahme misslang, was bisher noch nie geschehen sei, wie mich die Tierkommunikatorin wissen liess. Chili war nur durch einen Schleier sichtbar und richtete aus, sie habe jetzt keine Zeit. Am Abend klappte es dann, und was die Frau nicht wissen konnte – dass Chili zur Begrüssung gerne einen Tannenzapfen mitbringt – tat sie auch bei ihr. Auf die Frage nach der Gesundheit liess Chili sie wissen, sie leide manchmal ein wenig unter steifen Knochen, verspüre jedoch keine Schmerzen. Sie liess sie auch wissen, dass Helfen zu ihren Aufgaben gehöre. Sie fühle sich ernst genommen bei uns, da sie einen Teil zur Gemeinschaft beitragen könne. Ihre Rolle als Suchhündin auf der Jagd erfülle sie und lasse sie auch manche Probleme vergessen. Sie lotste die Frau zu einem kleinen Holzhaus mit einer Sitzbank im Freien. Ohne Zweifel handelte es sich um die Jagdhütte im Tirol, in der wir uns so gerne aufhielten. Die Landschaft zeigte sich hüglig und Chili führte die Frau über einen schmalen Weg zu einem fantastischen Aussichtspunkt. Wenn sie sich etwas wünschen könnte, teilte sie ihre Gesprächspartnerin mit, möchte sie ein paar Steine aus der dortigen Umgebung zu Hause in Zumikon haben. Mit den Worten «das Herz kennt den Weg immer, auch in der Dunkelheit» verabschiedete sich Chili. Man kann daran glauben oder nicht. Mir vermittelten diese Worte Trost, um über den Verlust von Chili hinwegzukommen. Nachdem Chili starb, nahm Bronja interessanterweise einige ihrer Charaktereigenschaften an. Hunde spiegeln auch die Gefühle, Erwartungen und Anspannungen ihrer Besitzer wider und vermutlich war die neue Situation trotz allem nicht ganz einfach für sie. Am Anfang trauerte ich mit zunehmend schlechtem Gewissen Chili nach, verglich Bronja mit ihr, mass sie am quirligen und so zutraulichen Temperament unserer intelligenten Hundedame. Aber in der Zwischenzeit ist Bronja unser Liebling: fertig und Schluss! Ich bin froh, dass sie in meinem Leben ist, und wie mir ein erneuter Besuch bei der Beraterin bestätigte, fühlt sich Bronja wohl bei uns.

Es ist vorbei

Weitere Jahre zogen ins Land. Es ging mir besser. Ich fühlte mich gut und schaffte es mit der Hilfe meiner Psychotherapeutin tatsächlich, aus dem unseligen Kreislauf auszubrechen, sprich, ich musste mich nie mehr in eine Klinik einweisen lassen. Dennoch bleibt die Genesung ein Weg, der manchmal erhellend und oft schmerzvoll ist. Viele verschüttete Gefühle und Erinnerungen dringen in einem jahrelangen Prozess an die Oberfläche. Die damit verbundenen Reaktionen werden im professionellen Rahmen eingeordnet, besprochen und analysiert. Meiner Therapie lag das Konzept der Transaktionsanalyse zugrunde. Diese psychodynamische Technik teilt die Persönlichkeit in die Ebenen «Es», «Ich» und «Über-Ich» ein. So erfuhr auch der Kontakt zu mir selbst eine neue Tiefe, als ich mit meinem Kindheits-Ich in Verbindung trat. Das *Büblein,* wie wir «Es» nannten, lebte anfänglich noch im Keller, doch eines Tages beschloss «Ich», seinen Namen auf dem Briefkasten der neuen Wohnung zu vermerken. In der Therapie werde ich als kleines Kind zu verschiedenen Entscheidungen befragt. Es äussert sich natürlich oft anders als der erwachsene Mann. Die Emotionen aus der Kindheit, wie man sich in manchen Situationen gefühlt hat, und die Auseinandersetzung mit Gefühlen, die fast sieben Jahrzehnte verdrängt wurden, sind anspruchsvoll, aber auch reinigend. Das Erlittene wird rekapituliert und komplettiert und infolgedessen anerkannt. Bei manchen Reaktionen, die ich zeige, sehe ich heute selbst, dass ich noch immer unfreiwillig in die Rolle des kleinen Kurts rutsche. Wenn ich zuvor begriffen habe, was er als Kind in einer solchen Situation durchgemacht hat, gelingt mir der Wechsel ins Erwachsenenleben mit adäquaten Reaktionen. Es ist auch in anderen Situationen eine gute Methode, denn wenn ich jetzt innerhalb der Therapie manchmal in die Nähe eines traumatischen Ereignisses gerate, grosse Angst und Unruhe verspüre, lasse ich den kleinen Kurt wissen: Es kann nichts passieren. Du bist in Sicherheit und frei von Schuld. Es ist die Kommunikation mit dem Seelen-Ich und immer häufiger gelingt es nun, dass der erwachsene Kurt den *Lead* für den kleinen Jungen übernehmen kann. Bereits heute kommt es in der Therapie zu Situationen, die mich mit traumatischen Erlebnissen konfrontieren. Plötzlich stehe ich auf dem Balkon, auf dem ich als kleiner Junge bei Minustemperaturen und nachdem mich Mutter und Stiefvater kalt abgeduscht hatten, stehen musste. Die unerträglichen Gerüche der Metzgerei steigen mir in die Nase. Dass solche Situationen und Ereignisse nochmals durchlebt werden, gilt als wichtig. Durch die langjährige Therapie konnte ich Stärke entwickeln, kann die mit den schrecklichen Geschehnissen verbundenen Gefühle kontrollieren und Strategien anwenden, die mich beruhigen und in die Gegenwart zurückführen: Atemübungen machen, ein Glas Wasser trinken, das Fenster öffnen oder mit den Händen auf meine Oberschenkel klopfen. Nach solchen Erlebnissen kehre ich nicht sofort nach Hause zurück, sondern unternehme einen Spaziergang in der Natur, denke über die gemachte Erfahrung nach und stelle einmal mehr fest: Es ist vorbei und gleichzeitig anerkenne ich, dass alles geschehen ist. Noch immer gibt es schwierige Tage, davon zeugen die Notizen von Elena Truffer und meine eigenen schriftlichen Aufzeichnungen, die ich in schlaflosen Nächten verfasse. Noch immer belasten mich kleinere Probleme stärker als einen gesunden Menschen. Doch heute weiss ich, dass ich damit umgehen kann, in ein paar Tagen vielleicht wieder die Sonne scheint und meine Zukunft – im Wissen, bereits viel geschafft zu haben – von weiteren Fortschritten geprägt sein wird.

Die Verzeihung blieb in all den Jahren ein zentrales Thema. Was ich meiner Mutter am Totenbett versprochen hatte, war nicht eingetreten. Ich konnte ihr nicht verzeihen und auch den übrigen Erwachsenen nicht, die in mein familiäres Kinderleben involviert waren. Ich konnte einfach nicht über meinen Schatten springen und fand auch keine Strategien, um an diesem Zustand etwas zu verändern. Nicht verzeihen zu können, lastete schwer auf mir. Entlastung erfuhr ich in diesem Fall nicht nur durch meine wunderbare Psychotherapeutin, sondern auch durch eine erfahrene Lebensberaterin, die ich erst vor zwei Jahren aufsuchte. Sie führte mich über verschlungene Wege zu einem Bild. Die verstorbenen Verwandten waren anwesend. Mutter, Vater, der Stiefvater, die Grosseltern. Sie gaben mir zu verstehen: «Du hast es im Leben – trotz uns! – geschafft. Dafür respektieren wir dich.» Als die Sitzung beendet war, geschah, was ich selbst für unmöglich gehalten hatte: Ich fühlte mich unendlich erleichtert. Wäre mir zuvor von einer solchen Erfahrung berichtet worden, hätte ich starke Zweifel angemeldet. Doch nun wurde ein Prozess in Gang gesetzt, der mich freier und weniger misstrauisch machen sollte. Muss man verzeihen können, damit man weitermachen kann? Ich weiss es nicht. Was ich hingegen weiss: Bevor ich anderen verzeihen konnte, musste ich meinem Schicksal verzeihen, und damit das gelingen konnte, musste ich hauptsächlich mir selbst verzeihen. Meine Schuld, die wie Teer und Federn an mir klebte, musste ich überwinden. Heute weiss ich: Ich bin nicht schuld an dem, was andere mir antaten, und ich bin auch nicht schuld, dass ich die Schiesserei überlebte. Sich selbst verzeihen zu können, ist das beste Gefühl der Welt! Es ist eine Binsenwahrheit, doch in meinem unmittelbaren Leben hat es sich bestätigt: Man muss loslassen können. Als dies eintrat, fühlte ich mich wie eine Raupe, die lange in ihrem Kokon ruhte. Dann traf ein Sonnenstrahl die Schutzhülle im richtigen Moment, worauf der Schmetterling seine Freiheit fand. Verzeihen zu können ist leichter, wenn das eigene Leben in bessere Bahnen gerät, was bei mir der Fall ist. Trotzdem empfinde ich das Verzeihen als meine grösste Leistung, denn sie bedeutet die Versöhnung mit dem eigenen Leben, was auch zu einer Einsicht führte: Man darf so bleiben, wie man ist. Mit allen Narben, die dazugehören. Bildhaft gesprochen sollte man die Narben chirurgisch nicht entfernen lassen. Sie schmerzen nicht, die Wunden sind verheilt. Doch wenn man die Narben betrachtet, weiss man: Sie sind da.

So viel Gutes geschah in den vergangenen Jahren. Dass ich heute Verantwortung für mich übernehmen und gleichzeitig die äus-

seren Umstände gestalten kann, empfinde ich als grossartigen Erfolg. Nach dem Motto «was Hänschen nicht lernt, kann Kurt doch noch lernen» mache ich immer wieder Fortschritte. Der Weg ist noch nicht beendet. Er geht weiter. Doch viele Erkenntnisse und Veränderungen tragen bereits zu meiner Lebensqualität bei. Die Dankbarkeit, die ich schon immer empfand, wenn mir etwas Gutes widerfuhr, pflege ich heute ganz bewusst, denn Dankbarkeit stärkt auch die positiven Gefühle. Anderen eine Freude bereiten, ihnen mit Rat und Tat zur Seite stehen, ist mir immer noch wichtig. Mein Helfersyndrom konnte ich indes überwinden und fand in der Zwischenzeit auch zu einer neuen Sichtweise auf Frauen. Mein Frauenbild wurde durch meine Mutter und durch meine Grossmutter zerstört. Nachdem mich meine erste Frau, die ich liebte, verlassen hatte, wurde das Vertrauen abermals angegriffen und erlitt Schaden. Ich wurde geizig mit Geld und Gefühlen. Darunter litt meine Partnerin, die mich seit Jahrzehnten verlässlich und loyal begleitet. Sie hielt mich viele Jahre lang aus, wie ich eben war. In den Gesprächen mit Frau Truffer realisierte ich erstmals bewusst, was ich eigentlich längst wusste: Wie sehr mich Theres auch in der lang dauernden Krankheit unterstützt hat. Ihre innere Grosszügigkeit, ihr grosses Charisma zeichnen meine Partnerin aus, und beides kam mir mehr als zugute. Ohne, dass Rückforderungen gestellt wurden. Ohne, dass sie mich eines Tages aufgrund der riesigen Belastung, zu der ich geworden war, verlassen hätte. Was kann man von einem Menschen noch erwarten? Was muss er noch tun, damit man ihm vertraut und ihn so sieht, wie er es verdient hat? Heute sehe ich in ihr eine wunderbare und einzigartige Frau. Das Gegenteil dessen, was ich tief in meinem Inneren mit der Mutter verband und ungerecht auf all ihre Geschlechtsgenossinnen übertrug. Im Rahmen meiner persönlichen Entwicklung, die in der Therapie weiterhin meine volle Mitarbeit erfordert, vollzog ich auch im Bereich meiner Beziehung einen Wandel, und irgendwann gelangte ich zu Einsichten, die ich nicht nur im Kopf formulieren, sondern auch in meinem Herzen zulassen kann.
Heute bin ich ein anderer Partner. Ich frage Therese zum Bei-

spiel um Rat. Ich beziehe sie in mein Leben mit ein. Ich nehme an ihrem Leben teil. Letzthin telefonierte sie und liess den Menschen am anderen Ende der Leitung wissen: «Kurt meint, dass man es so machen sollte.». Dieser Satz beglückte mich, denn er zeigte, dass ich wieder da bin, einen Namen habe, präsent bin. Zusammen schafften wir es, im höheren Alter eine neue Basis zu kreieren. Das Zusammenleben ist respektvoll und harmonisch. Wenn ich gereizt bin oder aufgrund mancher Kleinigkeiten seltsam reagiere, kann ich mich heute eher erklären und wir reden dann miteinander. Ich hoffe, Theres alles zurückgeben zu können, was sie geleistet hat. Ein schwieriges Unterfangen, denn ich verdanke ihr so viel. Auch ich würde meine Partnerin niemals im Stich lassen, das war schon immer so und gilt für die Zukunft erst recht. Heute kann ich mich gegenüber Drittpersonen besser abgrenzen und übernehme dafür mehr Verantwortung für meine Beziehung. Erst seit rund fünf Jahren bin ich, was ich als einen guten – weil vertrauensvollen – Partner beschreiben möchte. Heute glaube ich daran, denn ich habe es selbst erlebt, dass sich die Liebe entwickeln kann: Liebe ist Vertrauen, Wärme, Gemeinschaft. Alles zu seiner Zeit, doch dann im besten Fall alles zusammen. So wie bei uns.

In diesem Zusammenhang fand auch eine Entscheidung statt, die vielleicht für andere Menschen normal ist und die sie leichtherzig treffen, für mich jedoch einen Meilenstein bedeutete. Fast zeit meines Lebens hatte ich in Altbauten und Wohnungen gelebt, die bereits durch zig andere Menschen bewohnt worden waren. Einmal – das war mein Traum – wollte ich in einen Neubau einziehen, der ohne Erinnerungen und fremde Energien allein durch unsere Präsenz geprägt sein sollte. Warum es so lange dauerte, bis wir diesen Plan umsetzten, kann ich heute nicht mehr sagen. Einerseits fehlte es mir in den Jahren der Erkrankung sicher an Energie, zudem hätte mich ein komplett neues Umfeld vermutlich auch überfordert. Elena Truffers Worte trösteten mich ein wenig über meine diesbezügliche Passivität hinweg: «Tod, Scheidung und Wohnungswechsel werden von den meisten Menschen als besonders einschneidende Erfahrungen beschrieben.» Als in unserer Gemeinde 2019 ein neues Haus gebaut wurde, spielte uns der glückliche Zufall in die Hände. Das Objekt erfüllte unsere Vorstellungen und Wünsche: ein modernes Schindelhaus aus Holz, das über beste Voraussetzungen verfügte, damit wir es bis ins hohe Alter bewohnen konnten. Vor allem das Ambiente nahm mich sofort gefangen: warm, rein und besinnlich. Würden wir bald in die hellen Räumlichkeiten ziehen und auch wohnlich einen Neustart wagen? Dieser entsprach meinem Bedürfnis, mir jetzt öfter selbst etwas Gutes zu tun. Apropos: Wer gut zu sich selbst ist, lässt auch bei anderen manches durchgehen, ist offener und umgänglicher. Diese positive Veränderung wurde mir nun öfter durch mein Umfeld attestiert. Als ich auf die fantastische Terrasse der Wohnung trat, stellte ich mir vor, was ich dort bald machen würde: mitten am Tag ein Glas Sekt trinken und dazu ein feines Canapé verspeisen! Freude zu empfinden, trägt heute massgeblich zu meiner Lebensqualität bei und in diesem Sinn unterschrieben meine Partnerin und ich auch die Mietverträge. Es handelte sich für mich um einen grossen Schritt. Insbesondere da wir uns entschieden, eine neue Einrichtung anzuschaffen, die diesen Lebensabschnitt untermauern sollte, was vor allem auch bedeutete, dass wir uns von einigem trennen mussten, das sich im Verlauf eines langen Lebens angesammelt hatte. Möbel, die wir zusammen ausgesucht und gekauft hatten, aber auch jene schweren Bauernmöbel, die ich in die Beziehung und unser Zusammenleben mitbrachte. Vor allem mit der kleinen Kommode meiner Mutter verbanden mich ambivalente Gefühle. Das einzige Erbstück. Die einzige physische Erinnerung, die mich an die dunkle Vergangenheit meiner Kindheit fesselte. Fast fünfzig Jahre lang hatte es mich durch meinen Alltag und mein Leben begleitet. Tausendmal blickte ich das Möbelstück an, lief daran vorbei, deponierte Schlüsse und anderen Krimskrams auf der Oberfläche, sah den praktischen Nutzen, sah eine gewisse Schönheit im Design. Seine Energie, vor allem aber die Erinnerungen an meine Peinigerin, blieben in der kleinen Kommode gefangen. Als ich das Stück, mit dem mich eine Art Hassliebe verband, abschleifen und neu lackieren liess, war der Bann noch immer nicht gebrochen. Nun musste und wollte ich mich endgültig davon trennen. Es fiel mir nicht einfach, aber ich schaffte es. Als es nicht mehr da war und helle und luftige Möbel unser neues Zuhause erstrahlen liessen, spürte ich unendliche Erleichterung und Freude.

Leben!

Wenn ich heute gefragt werde, wie ich alles überlebt habe, nicht nur die Kindheit, sondern auch was danach kam, antworte ich: Weil ich trotz allem leben wollte. Mut und Willen waren nötig. Sicher hilft es, wenn man den Blick auf das Grosse und Ganze zu lenken vermag und sich der Kreis aus Gut und Böse zu Lebzeiten schliessen kann. Dabei half mir auch dieses Buch. Vor zwei Jahren entstand die Idee, alles, was geschehen ist, schriftlich festhalten zu wollen. Ich rang mit mir, wollte zuerst einen Roman schreiben und meine Figur in die dritte Person versetzen. Dann stand fest: Es wird eine Biografie, die ich unter einem Pseudonym schreiben werde. Doch bald wurde ich mir bewusst: Es ist meine Geschichte. Ich habe sie erlebt. Die Entscheidung, mit meinem Namen aufzutreten, war nicht einfach. Doch mir zeigt dieser Entschluss, dass ich mein Leben und mich selbst ernst nehme. Der lang dauernde Prozess, bis das Buch vorlag, war – wie könnte es anders sein – durch Hochs und Tiefs geprägt. In den langen Gesprächen mit meiner Co-Autorin durchlitt ich vieles erneut, erinnerte mich an Details, die bisher ungesagt geblieben waren, und tauchte bisweilen in dunkle Abgründe ab. Meine Lebensgeschichte in dieser Genauigkeit zu rekapitulieren tat mir gleichzeitig gut und auch, dass ein aussenstehender Mensch, der zu einer Vertrauensperson wurde, Fragen stellt, die bisher nicht gestellt wurden, man abermals Einsichten gewinnen kann, vor allem aber auch Respekt und Anerkennung erfährt. Manchmal verliess ich die Gespräche erleichtert, manchmal aber auch belastet, und irgendwann kehrten die Albträume zurück. Doch ich hielt an meinen Absichten fest, wollte alles erzählen und geriet doch hin und wieder in die Nähe von schrecklichen Situationen, die ich erneut durchlebte. Die Angst und die Panik waren nun regulierbar und irgendwann dachte ich: Nach diesem Buch muss ich vielleicht gar keine klassische Traumatherapie mehr machen. Der fünfte Engel wusste von diesem grossen Projekt, liess mich machen, wusste offenbar, dass ich meinen Wunsch, es ohne ihre Hilfe zu schaffen, umsetzen kann, und hielt die eigenständige Vorgehensweise für richtig. Die Sicherheit, dass ich jederzeit auf ihre Hilfe hätte zählen können, war wertvoll. Für mich war es jedoch auch wichtig, dass ich dieses emotional anspruchsvolle Projekt durchstehen kann, weil ich zusammen mit Autors Truffer so vieles verarbeitet hatte, an einem ganz anderen Punkt stand als vor fünf Jahren und auch Techniken anwenden konnte, die mich entlasteten. Als der erste von drei Teilen vorlag, las ich ihn mitten in der Nacht. Allein. Das hatte ich bewusst so entschieden. Wort für Wort sickerte in mich hinein. Zu sagen, dass eine Mutter ihr Kind mit brühend heissem Wasser übergiesst, es anzündet, es hungern und dursten lässt, es sexuell missbraucht, ist etwas. Zu schreiben – es war meine eigene Mutter, es ist mir passiert – braucht Mut. Anders als in der gesprochenen Therapie hält das Schriftliche für die Ewigkeit fest, was geschehen ist. In komprimierter Form und klaren Worten wird wiedergegeben, was nicht vergessen werden soll. Der Text traf mich mit voller Wucht. Es war schwierig. Ich geriet an den Rand einer Krise. Ich benötigte Zeit, konnte auf eine Strategie zurückgreifen, die ich erlernt hatte. Ich musste mich nicht zur Eile antreiben, musste keinen strengen Regeln folgen und das korrigierte Manuskript am nächsten Tag abliefern. Ich versuchte mich zu entspannen, und das war gut so. Mein Leben nahm mit dem zweiten und dritten Teil weitere Formen an. In den Texten wurde ich erwachsen, lebte mein Leben, das Satz für Satz wie ein schneller Pfeil auf den Zusammenbruch zu zielen schien. Ich konnte noch immer nicht fassen, dass das alles einem einzigen Menschen passiert ist. Und gleichzeitig vollzog sich ein anderer Prozess. Sagen, wie es war. Ordnung schaffen. Klarheit erlangen. Die Biografiearbeit, das weiss man heute aus manchen Untersuchungen, kann unter anderem, die Identität ihrer Verfasser stärken. Die Arbeit tat somit auch meinem Selbstbewusstsein gut. Früher definierte ich mich über die Leistung, lernte später, dass ich es auch als Mensch verdiene, um ernst genommen zu werden, und wusste: Ich dürfte auf manches sogar stolz sein, was ich erreicht habe. Das fiel mir lange Zeit schwer und gelang mir nicht. Doch als das Buch nach vielen Monaten vorlag, konnte ich vieles, vor allem meine Leistung, überlebt zu haben, anerkennen und sogar ein wenig Stolz empfinden. Mein Entschluss, das Werk nicht in anonymisierter Form zu veröffentlichen, hat mit Respekt zu tun: mir selbst, aber auch jenen gegenüber, die Ähnliches durchgemacht haben oder erst noch durchmachen müssen. Dieses Buch ist so vieles für mich: aktive Trauerarbeit und eine Möglichkeit, um die Gewalt in Familien zu thematisieren.

Die Vorstellung, Gewalt an Kindern ereigne sich vorwiegend in unterprivilegierten Milieus, ist grundfalsch, ebenso wie die Meinung, bei diesen Müttern und Vätern müsse es sich um sozial auffällige Individuen handeln. Gegen aussen wird der Schein oft gewahrt, wie in meiner Familie auch. Doch was sich hinter den scheinbar geordneten Kulissen abspielt, ist umso schlimmer. Ebenfalls ging und geht man davon aus, dass ausschliesslich Männer zu Tätern werden. Heuteweiss man, dass Frauen an vielen schrecklichen Übergriffen beteiligt sind und oft genug als Haupttäterinnen agieren. Egal, ob männliche oder weibliche Täter – immer wieder enden Misshandlungen tödlich. Diese Opfer sind nur die Spitze des Eisbergs. Man mag sich nicht vorstellen, was sie zuvor alles erleiden mussten. Auch in meinem Fall blickte das Umfeld weg, scheute sich, einzugreifen und die nötigen Massnahmen zu veranlassen. Manche meiner Verletzungen, die den körperlichen Misshandlungen – und darunter gehören auch Hunger, Durst und allgemeine Verwahrlosung – geschuldet waren, erwiesen sich als gravierend und offensichtlich. Als fast noch schlimmer beurteile ich heute die psychische Gewalt, die äusserlich keine sichtbaren Folgen verursacht, insbesondere die ständige und extreme Herabsetzung meiner Person. Seelische Misshandlungen dringen noch weniger häufig an die Öffentlichkeit als die oft sichtbaren Resultate der physischen Gewalt. Meiner Meinung nach sollten Lehrpersonen und andere Menschen, die in einer professionellen Beziehung mit Kindern stehen, entsprechend geschult werden. Nicht immer gibt es offensichtliche Anzeichen, denn Kinder verheimlichen ihr Elend auch und legen dabei verschiedene Strategien an den Tag. Doch heute weiss man, welche Verhaltensweisen misshandelte Kinder an den Tag legen können. Körperlich gequälte Kinder sind oft müde, hungrig und ungepflegt, während seelisch misshandelte Kinder oft ruhig und scheu sind und sich erst bewegen, wenn sie sich unbeobachtet fühlen. Anhaltende Traurigkeit, Ängstlichkeit, labile Stimmungen, mangelndes Selbstvertrauen und Schwierigkeiten im Sozialverhalten können ebenfalls Anzeichen für physische und psychische Übergriffe sein. All das sollte beobachtet und falls nötig muss eingeschritten werden. Um die Kinder zu schützen und um jene zur Rechenschaft zu ziehen, die nicht nur gegen die Menschlichkeit, sondern heute auch gegen das Gesetz verstossen. Als Kind hätte ich mir gewünscht, dass die Erwachsenen aktiv geworden wären. Manche halfen mir ohne grosse Worte, sondern mit Taten. Doch an meinem langfristigen Leid änderte das nichts und auch nichts am Umstand, dass meine Mutter ebenso wie mein Vater und der Stiefvater ungeschoren davonkamen: ein schlechtes Signal an alle Eltern, die nicht fähig sind, ihre negativen Emotionen in geregelte Bahnen zu lenken. Zivilcourage und der Sinn nach Gerechtigkeit sollten die Aktionen jener leiten, die etwas bemerken. Besonders ruhige, eingeschüchterte, aber auch turbulente und aggressive Kinder erzählen ihre Geschichten ohne Worte, weil es ihnen vielleicht – genau wie mir – die Sprache verschlagen hat oder sie weitere Sanktionen fürchten, wenn sie sich jemandem anvertrauen. Noch immer existiert eine gewisse Zurückhaltung, Kinder aus ihren Ursprungsfamilien zu nehmen. Die Meinung, eine schlechte Familie sei noch immer besser als ein Leben in einer Institution, ist bestimmt nicht in jedem Fall richtig. Im Bereich jener professionellen Fachleute, die tätig werden, wünsche ich mir weniger Betriebsblindheit, aber auch, dass nicht nur nach dem Gesetz, sondern mit Augenmass und normalem Menschenverstand entschieden wird. Die entsprechenden Gremien sollten sich also nicht nur aus Juristen und Sozialarbeitern zusammensetzen, es sollten meiner Meinung nach auch bodenständige Frauen und Mütter aus dem Volk miteinbezogen werden, wenn Entscheidungen im Raum stehen.

Mein Glück war, dass ich meinen beruflichen Weg gehen konnte, mir die Ausbildung und die Laufbahn Stabilität vermittelten und eine Linie vorgaben. Für die vielen guten Gelegenheiten, die ich erhielt und auch ergriffen habe, bin ich dankbar. Andere, die nach einer solchen Kindheit in der Fabrik arbeiten müssen, haben im späteren Leben vielleicht keine emotionalen oder zeitlichen Kapazitäten, um alles aufzuarbeiten. Sie müssen dafür sorgen, dass das Essen auf den Tisch kommt, und der Existenzkampf nimmt sie gefangen, bevor sie unter Umständen resignieren, unglücklich sind und verzweifelt bleiben. Das war bei mir anders und heute weiss ich auch: Der lang dauernde Prozess meiner Genesung war eine Chance, die nicht alle Menschen erhalten. Ich konnte auch in diesem Bereich meine Kapazitäten ausschöpfen und vor allem meine Seele pflegen, zur Ruhe kommen und weitermachen. Ich ging meinen Weg und heute hoffe ich, dass meine Geschichte anderen Betroffenen helfen kann, aus dem Schatten zu treten und daran zu glauben, dass man seinem Schicksal verzeihen und es in neue Bahnen lenken kann.

Kurt Erni, im Oktober 2024

Kurt Erni (* 1949) wuchs als Sohn einer Tuchschauerin in den Kantonen Zürich und Aargau auf. Die durch extreme Gewalt und Vernachlässigung geprägte Kindheit verdrängte er lange Jahre und erreichte gleichzeitig viel: Er wurde Koch, Polizist und dann Chef des Bestattungs- und Friedhofamtes der Stadt Zürich. Nach bewegten Berufsjahren, in denen er ebenfalls mit den Auswirkungen von Zerstörung und Gewalt konfrontiert wurde, arbeitete er seine Kindheit auf. Er lebt mit seiner Partnerin und dem gemeinsamen Hund in Zumikon.

Kurt Erni im Kindergarten Thalwil ZH im Alter von fünf …

... und sieben Jahren.

Impressum

Texte und Fotos: Kurt Erni
Mitarbeit: Franziska K. Müller / www.privatbiografie.ch

Weber Verlag AG
Verlagsleitung: Annette Weber-Hadorn
Projektleitung: Madeleine Hadorn
Gestaltung Cover: Sonja Berger
Gestaltung und Satz: Shana Hirschi
Lektorat: Alain Diezig
Korrektorat: Laura Spielmann

Der Weber Verlag wird vom Bundesamt für Kultur mit einem Strukturbeitrag für die Jahre 2021–2025 unterstützt.

ISBN 978-3-03818-592-5
www.weberverlag.ch